孩子爱顶嘴发脾气，父母怎么办

孙晓燕 著

中国纺织出版社有限公司

内 容 提 要

你的孩子是不是经常因为一些小事而大发脾气，甚至顶撞长辈？是不是对你的教导充耳不闻，或者爱理不理？你是不是为此感到崩溃？

本书就是一本家教宝典。本书一反常态，摒弃了传统的"棍棒教育"，告诫父母要以正面引导和教育为主，并为广大父母指出了掌握教育主动权的方法，相信这些技巧能行之有效地帮助你解决家庭教育中的烦恼，让你的孩子真正健康地成长起来。

图书在版编目（CIP）数据

孩子爱顶嘴发脾气，父母怎么办 / 孙晓燕著．--北京：中国纺织出版社有限公司，2021．2
ISBN 978-7-5180-7403-7

Ⅰ．①孩… Ⅱ．①孙… Ⅲ．①家庭教育 Ⅳ．①G78

中国版本图书馆CIP数据核字（2020）第076532号

责任编辑：赵晓红　　责任校对：江思飞　　责任印制：储志伟

中国纺织出版社有限公司出版发行
地址：北京市朝阳区百子湾东里A407号楼　邮政编码：100124
销售电话：010-67004422　传真：010-87155801
http://www.c-textilep.com
中国纺织出版社天猫旗舰店
官方微博http://weibo.com/2119887771
三河市延风印装有限公司印刷　各地新华书店经销
2021年2月第1版第1次印刷
开本：880×1230　1/32　印张：7
字数：118千字　定价：39.80元

凡购本书，如有缺页、倒页、脱页，由本社图书营销中心调换

前言

　　生活中，可能不少家长有这样的苦恼：不知道从什么时候开始，孩子会因为一些小事，例如，没有得到喜欢的玩具，输了游戏等大发脾气，很难管教，或者对于父母的话置之不理，多说一句就直接顶嘴，而对于年纪大点的孩子，更是无法管教，好像就喜欢和父母作对，你让他往东，他非要往西，尤其是在公共场合，训孩子怕伤了孩子的自尊心，不发威又怕孩子从此变本加厉，更加无法无天。可以说，这些父母为此伤透了脑筋。

　　对此，一些父母相信，棍棒下出人才，认为只要严加管教就能培养出好孩子，其实不然，长期在父母压制下成长的孩子，脾气似乎更火爆，尤其是当他们进入青春期时，对抗父母的情绪就更为明显，有的孩子会产生厌学、逃学的现象，严重的还会离家出走，甚至走上犯罪道路。

　　那么，这样的孩子该怎样管教呢？

　　首先，我们需要了解孩子为什么发脾气，为什么顶撞父母，唯有这样，才能对症下药，帮助孩子排解负面情绪。其实，孩子喜欢发脾气、顶嘴，原因有很多。比如，孩子希望引起父母的注意、希望要求被满足、想要逃避责任、认为父母的管教不正确等，还有一些孩子脾气暴躁是受家庭环境的影响，

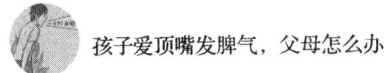

父母平时总是动不动就发怒，总是斤斤计较，孩子耳濡目染，自然也有样学样，行为粗鲁。

其次，我们家长要切记，用正面引导代替一味的说教、训斥。正面引导包括提升孩子的自控力、立规矩，使他们合理表达和宣泄负面情绪等。我们只有让孩子从小知道自己的行为边界，不断规范自己的行为，养成良好的语言行为习惯，孩子才不会胡乱发脾气，任性妄为。

最后，最好的教育方式是父母的榜样作用，是家庭的耳濡目染，是要给孩子一个安静祥和、温馨有爱的家庭，在这样的家庭环境下成长的孩子，定能尊重他人、善待他人，自然不会因为一点小事而与他人大动干戈、不依不饶。

的确，天下无不是的孩子，只有不懂教育的父母，要想孩子健康快乐地成长，我们做父母的还需要和孩子一起学习、成长，了解孩子在成长中的点点滴滴，感受孩子的情绪，乐其所乐，忧其所忧，才能和孩子做朋友，进而打开亲子之间沟通的渠道，让孩子对我们敞开心扉。孩子找到了心灵的依靠，也就能快乐自由地成长。

那么，以上这些教育方法如何实施呢？相信家长朋友也希望找到一位教育专家，为我们指点一二，而本书就是这样一本心理教育指南。本书从日常生活中很多家庭中遇到的教育苦恼出发，给出最新颖的教育理念，并从让孩子提升修养、情绪自控、情绪宣泄、制订规矩等各个方面给出建议，内容涉及孩子

前言

的语言谈吐、生活习惯、与人交友、学习、休闲娱乐等很多方面，告诉家长如何培养出温文儒雅、有规矩、有教养的孩子，让孩子自由健康地成长。

作者

2020年10月

目录

第1章 孩子爱顶嘴发脾气,你真的知道原因吗 / 001

孩子爱发脾气,其实是有内在心理需求 / 002

孩子总是顶嘴为哪般 / 006

孩子爱顶嘴,并不一定全是坏事 / 009

自卑胆小的孩子真的更温顺吗 / 013

"输不起"的孩子脾气差 / 017

细心观察,留意孩子的情绪变化 / 021

青春叛逆期的孩子更喜欢与父母对着干 / 024

第2章 孩子动不动就发脾气,别让孩子成为一只愤怒的小鸟 / 029

孩子产生不满情绪的原因有哪些 / 030

保护孩子的负性情绪 / 033

父母如何正确对待孩子的坏脾气 / 037

对新环境的不适应导致孩子发脾气 / 041

孩子内心承受力差易发怒怎么办 / 044

第3章 读懂孩子心理,别让孩子将顶撞的话说出口 / 047

你越专制,孩子越喜欢顶嘴 / 048

孩子为什么喜欢说顶撞父母的"反话" / 051

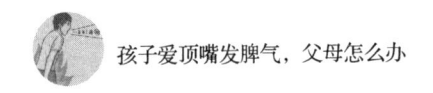

蹲下来看孩子，走进孩子的世界 / 054

再忙也别忽略对孩子的关注 / 058

父母别动不动就生气，巧妙引导更有效 / 061

第4章 倾听孩子的心声，化解孩子的负面情绪 / 065

停下手中事，听听孩子想说什么 / 066

多听少说，别总是发号施令 / 069

放下父母的架子，认真聆听孩子的心声 / 072

倾听时，要认同并接纳孩子的情绪 / 075

倾听后要反馈，让孩子感受到被认同和理解 / 078

讲讲自己的心里话，让孩子理解父母的苦心 / 080

第5章 用爱制止和引导，帮助孩子逐渐克服顶嘴和发脾气的毛病 / 085

父母不要当着孩子的面吵架 / 086

家庭教育中，父母要保持一致的态度 / 089

让孩子学会善待和理解他人 / 092

为孩子营造一个温馨有爱的家庭环境 / 095

建立孝敬长辈、长幼有序的家庭秩序 / 099

让孩子体会父母的辛苦 / 102

让孩子知道父母永远是他的依靠 / 106

第6章　用引导代替说教，以正确的沟通方式
化解孩子的逆反心 / 111

将命令改为启发，别什么都强迫孩子 / 112
别让偏见刺激出孩子的逆反情绪 / 116
正确处理孩子的对抗情绪 / 119
亲子间发生矛盾该如何处理 / 123
不和孩子置气，反面教育不如正面引导 / 126
给予孩子话语权，听听他们想说什么 / 129

第7章　从克服变成习惯，让孩子拥有完美的情绪自控力 / 135

言传身教，父母要提升自身的情绪调控力 / 136
用自己的经历告诉孩子遇到不平事应该怎么做 / 139
让孩子学会认识和表达自己的情绪 / 142
帮助孩子正确面对不安的情绪 / 145
训练孩子良好的情绪自控力，将克服变成习惯 / 148

第8章　堵不如疏，引导孩子学会正确表达和发泄坏情绪 / 153

鼓励孩子要尊重别人 / 154
鼓励孩子哭出来，释放心中苦楚 / 158
教孩子掌握几点宣泄怒气的方法 / 161
告诉孩子如何抑制怒火 / 164

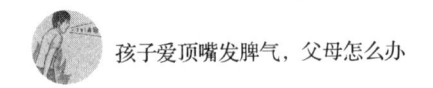

带领孩子运动起来，在汗水中排解负面情绪 / 167

告诉孩子，要学会向他人倾诉内心的不快 / 169

第9章　制定规矩，爱孩子也别让孩子肆意任性 / 175

从小就要培养孩子的规则意识 / 176

孩子缺乏教养、目中无人的行为如何纠正 / 179

从小培养文明礼貌、谈吐优雅的孩子 / 182

孩子从小就必须遵守这几条规矩 / 186

父母不要盲目让孩子听话 / 189

第10章　重在教养，好性格和好修养塑造孩子的好脾气 / 193

引导孩子开阔心胸，心胸狭窄的孩子脾气差 / 194

引导孩子学会换位思考，孩子才更有同理心 / 197

教孩子正确面对朋友之间的冲突 / 200

培养孩子良好的人际交往品质 / 203

让孩子学会承担责任 / 207

培养孩子积极乐观的心态 / 210

参考文献 / 214

第1章
孩子爱顶嘴发脾气,你真的知道原因吗

在家庭教育中,不少父母感叹,孩子太难管教了,要么动不动发脾气,要么父母说什么都对着干,还顶嘴。面对这种情况,一些父母采取严厉呵斥的方法,希望孩子能听话,还有一些父母,对孩子左哄右骗,娇惯孩子。但其实,这两种方法都是治标不治本,因为他们认为孩子的坏情绪只是不听话,而没找到内在的原因,那么,孩子为什么爱顶嘴发脾气呢?本章我们就来探究一下这个问题。

孩子爱顶嘴发脾气，父母怎么办

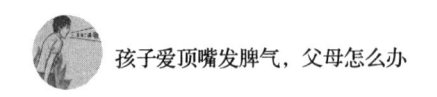

孩子爱发脾气，其实是有内在心理需求

豆豆5岁了，前几天，姨妈和表哥来家里做客的时候，带来了一个新玩具，新玩具上有个灯一闪一闪的，很有意思。姨妈一家人走后，豆豆便非要妈妈也给自己买一个一模一样的玩具，但那时候已经是夜里八点多了，他所住的小区离市区很远，这个玩具只有在市中心某大型超市才有得卖，而现在也没有去市区的车了，妈妈就告诉豆豆今天暂时不买，但他就是哭闹不止，一直发脾气说自己非要买。

在这个案例中，表面上看是豆豆脾气坏，无理取闹。可他的妈妈没有从心理角度去了解，她认为豆豆非要那个玩具，是因为别人也有，纯粹是胡闹。而她忘记的是，豆豆是因为对那玩具上一直闪着的灯感兴趣，如果自己也拥有一个的话，就能好好研究了。这就是一种好奇的心理需求。当他的这一心理需求得不到满足时，他就与母亲作对，无奈中只得以发脾气来抗议，并且不达到目的绝不罢休。

所以，这个故事中，如果豆豆妈妈能看到孩子的这一心理，并且表扬豆豆爱动脑筋，跟豆豆讲道理，告诉他玩具今天没办法买，并且承诺将会与豆豆一起研究玩具上的灯的话，那么，孩子的情绪可能会好得多。至少，他心理上能感到母亲对他在"闪亮"问题上的认可。

经常看到有些孩子在家长没有满足他的欲望时大声哭闹、在地上打滚,或撕扯自己的头发、衣服,或抱着成人的腿部赖着不走。这些发脾气的孩子往往不听劝阻,除非成人满足他们的要求,否则会一直僵持下去。

那么,对于年幼的孩子来说,他们为什么会发脾气呢?教育心理学家认为,孩子看似无端发脾气,其实是有一定的内在心理需求,主要有以下三种情况。

1. 无理取闹

这种情况在比较小的宝宝身上容易出现。比如,宝宝不喜欢刷牙,所以每次刷牙的时候,他就故意捣乱或吵闹;宝宝不让父母离开,妈妈爸爸急着去上班,他就是不让;到了商店里,他一定要买和家里一模一样的玩具,不买就大吵大闹,等等。

2. 遭遇失败

孩子的心非常单纯,但是也非常脆弱,经不起一点打击。比如,孩子很用心地在玩拼图,但是拼了半天,都不成功;或是很努力地搭积木房子,搭得很高的时候,房子突然塌了。孩子觉得自己没有想象当中那么能干,就会情绪低落。

3. 要求得不到满足

很多父母坦言,让他们感到最尴尬的就是,在公共场合下孩子闹脾气,此时,一些父母会生气,责备孩子,其实这种方

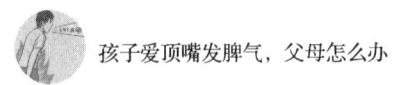

法并不对,因为你的干预越多,他的脾气可能越强烈。

孩子闹脾气,有时候是带有试探性的,而你越是表现出剧烈的情绪,孩子就越会过分。

此时,我们父母需要调节好自身的情绪,如先深呼吸,由一数到十,平静自己的情绪后再跟孩子说话,其实,这也是给孩子一个情绪缓冲和梳理的时间。孩子看到你很平静,可能也会觉得自己无趣,便收敛了。

当然,如果此时孩子依然哭闹,你可以告诉他"我们现在要走",然后抱走他,等到了无人的场所,再试试让他哭够了自己安静下来!当然,你也可以在安全的前提下,离开他一会儿,孩子发脾气找不到对象,过一会儿自己会觉得不好玩,也就停止发脾气了。

暴怒发作与孩子的性格有关,但频频发作的原因往往在家长身上。

首先,长辈对孩子过于骄纵。

父亲、母亲或爷爷、奶奶过分疼爱孩子,总怕孩子受委屈,为了博取孩子的欢心,有求必应,而不考虑这种要求是否适当。这样就逐渐使儿童滋生了一种以自我为中心的意识。以自我为中心的孩子,无论做什么事,都是以自己的意志为转移,随心所欲,为所欲为。有时,父母觉得孩子的要求过于无理,本不想答应,但孩子一发脾气,就立刻加以满足,这是最糟糕的做法。因为孩子从这样的事情中知道,发脾气是满足愿望和要求的最有效手段，于是就变得更容易发脾气，造成了恶性循环。

其次，家庭教育缺乏一惯性和一致性。

今天禁止的事，明天便鼓励去做；父亲认为是好事，母亲说坏；爷爷同意的事情，奶奶偏要阻拦。这样就会增加孩子的受挫感，从而导致烦躁。

再次，父母对孩子要求过分严格。

在一些家庭中，父母比较专制，他们认为孩子是自己的附属品，所以什么都该听自己的，一旦孩子有某些行为上的偏差，就会训斥甚至打骂孩子。长期处于父母这样管教下的孩子会出现两种不良结果，第一种是孩子内心压抑，而压抑同样会让孩子产生坏脾气；另一种是孩子会模仿父母——同样的暴躁和攻击性行为。除此以外，疾病与生理条件也是引发坏脾气的原因之一。神经衰弱的儿童特别容易兴奋、发脾气，处于疾病和疲劳状态中的孩子也常常有烦躁不安、易于发火的表现。

对于那些爱发脾气的孩子，平时要加强对他们的心理辅导，当发生不愉快时，要采用活动转移法，让他们在体育游戏或其他活动中宣泄内心的紧张，并为他们树立讲道理、讲礼貌的榜样供他们学习，每次发作平息后，要严肃地教育他们，使他们认识到自己的错误。而最好的方法是给孩子制定规矩，让他们学会处理自己的情绪，并且，如果发现孩子在哪一次能克制自己没有发作，应及时予以表扬和奖励。最后，家长不要自

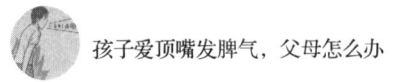
孩子爱顶嘴发脾气，父母怎么办

已经常暴怒发作，摔盆砸碗。

孩子总是顶嘴为哪般

小宝7岁了，是个活泼的孩子，很讨人喜欢，但就是在家里的时候特别喜欢顶嘴。

这不，上午的时候，他说要出去买冰激凌吃，妈妈说"不行"，他马上还嘴："我非要吃。"

晚上睡觉前，妈妈对他说："房间里弄得乱七八糟的，赶快收拾一下。"他就顶嘴说："我不是正在收拾吗？用不着你多管闲事。"妈妈让他刷了牙再睡觉，他又不耐烦地大声喊"知道了，知道了。"

一天，爸爸让他给邻居奶奶送点水果，他又说："你怎么不去？"

爸爸回了句："这个孩子真讨厌。"

"你才讨厌呢。"小宝又顶撞道。

看到儿子这样，爸爸妈妈也无计可施。

不少家长发现，随着年龄的增长，孩子和父母顶嘴的事渐渐多了起来，孩子为什么容易和父母顶嘴呢？细想起来，孩子与父母顶嘴主要有以下几种情况。

孩子做错了事，但对父母的批评不服气；

孩子没做错事，父母冤枉了他；

孩子做错了事，他感到处理不公；

有些事孩子不想马上做，但父母逼他去做；

大人心情不好，拿孩子出气。

以上这些情况，孩子做得不一定全对，但父母确实做得不太妥当，这时孩子顶嘴不是什么坏事，可以让父母头脑清醒点，反思一下。

从孩子方面看，顶嘴有孩子特别的原因，现在的孩子接受教育较早，看书看报多，接受知识多，他们的知识面比父母当年要宽得多。这直接的结果是判断是非的能力强了，要求独立的心理强了。还应该看到，顶嘴也是他们表达自己的判断的一种特定方式。孩子追求独立性，要加强自己判断是非的能力，这和孩子的"品行"并不能相提并论。孩子表达自己的判断，不可能像大人那样圆滑和委婉。所以面对孩子的顶嘴，不要一概斥之为不礼貌、不尊敬长辈，要区别对待。

顶嘴当然不是解决问题的好方式，顶嘴很具挑战性，不太容易被父母容忍；况且，孩子一旦习惯成自然，也不利于他的学习和成长，甚至会影响长大成人后的人际关系。对于孩子的顶嘴，专家开出如下药方，药方的主旨是，要从父母自身做起。

1. 不要轻易责备批评孩子

最好是问清缘由，再决定处治的方法。需要批评时，要有

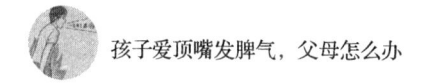

分寸；需要惩罚时，要说清道理，让孩子被罚得心甘情愿。

2. 要给孩子树立榜样

孩子顶嘴的习惯往往是父母带出来的。俗话说，上梁不正下梁歪。言传必要，身教更不可或缺。

3. 给孩子树立威信

家长是孩子的榜样，从小开始就应该在孩子面前树立威信。应对孩子顶嘴不要用没办法的语气，比如说"爸爸妈妈是改不过来了，希望你……"。虽然这是实话，但这样也就是放纵孩子顶嘴。家长在孩子心中失去了力量，那么家长也就放弃了管教孩子的权利。

4. 先检查自己的习惯

有时候孩子顶嘴是在模仿身边的人。因此家长要好好地检查下自己是否有这样的语言习惯。是否父母之间经常吵架，或者是妈妈会跟奶奶吵架。生活在这种环境中，小孩子会受到潜移默化的影响。

5. 给孩子一些准备时间

若想要孩子进行某种活动，家长应该提前跟孩子说，等下要干嘛干嘛的，让孩子提前准备。比如说："再过十分钟我们就要睡觉了哦。"给孩子一个心理准备，不但不会扫孩子的兴，还可以避免孩子的一些顶嘴行为。

6. 引导孩子说理，为自己申辩

首先要允许孩子申辩，鼓励孩子申辩。既然你批评孩子，就应允许孩子有这种权力。这样的好处是，让孩子感到无论做什么，有理才能站稳脚跟，对发展孩子个性很有利。

7. 摆事实，讲道理

孩子们一开始可能不会很有章法和条理。但这是一种锻炼，可以使孩子学会从各种困境中摆脱出来，练就坚强的性格。压制孩子，让他把委屈吞进肚子里，只能造就委曲求全或满怀忧愤的性格。

孩子爱顶嘴，并不一定全是坏事

在日常的家庭教育中，不少父母尤其是年幼孩子的父母认为，孩子总爱顶嘴，很难管教，其实，对于孩子爱顶嘴的事情，我们家长不能一味地否定，因为这不见得是件坏事儿。作为父母，我们教育孩子，主要是影响、引导和熏陶孩子，而不是一味地控制。所以，从某种程度上来说，"管教"并不是正确的教育方式。从另外一个方面说，那些能够同父母进行真正争辩的儿童，在以后会比较自信、有创造力和合群。

自古以来，我们中国式家长都有一个思想上的误区，那就是认为孩子是我们自己生养的，就应该是我们自己的私有财产，进而，他们形成一个定型思维："大人说话，孩子就必须听。"不少家长更不可能允许孩子与大人争辩，他们认为"父母之命不可违"。孩子只能对大人的话"言听计从",而争辩就是"大逆不道"。其实,父母与孩子争辩是件有益的事。争辩是争论、辩论的意思,是各执己见,相互辩论说理。允许孩子和父母争辩,有利于打开亲子沟通的渠道,也有利于提升孩子的语言能力,更能帮助亲子之间形成共识,从而解决问题。提供足够的空间,让孩子可以跟父母讨论(争辩),其实有很多的好处:

1. 有助于找到界限

妈妈带儿子去游戏餐厅吃饭,儿子想去玩,妈妈说:"等我们吃完了再去。"而这时,儿子站起来,顶了一句:"为什么?我还有些事要做,比坐在这里要好。"

其实,孩子的这种挑衅,就是对自己的能力行为的一种试验,他们能通过顶嘴来估量自己。同父母争辩是摆脱儿童无方向状态的一个途径,可以使他们知道自己的能力和界限在何处。

2. 形成自己的意志

与父母争辩,看似是调皮行为,其实能从潜意识里帮助孩子获得自信和独立,在与父母的对抗中,他们能感觉到自己受到重视,知道怎样才能贯彻自己的意志。争执也表明孩子正在走自己的路,他们注意到,父母并非总是正确的。

3. 刺激智力的发展

促成孩子和父母争辩的直接原因,是他们语言能力的进步和参与意识的觉醒。在争论时，孩子必须根据自己对环境的观察分析，选择并运用学到的语汇和表达方式，试图有条理地表达自己的欲望、观点，挑战父母，这将大大刺激孩子语言能力的发展。通过争辩，孩子可以学到争论、辩论的逻辑技巧，这对孩子日后思维的发展是有利的。

4.应付冲突的训练

孩子想学吉他，但是妈妈反对。妈妈说："我要对你负责。"

孩子反驳说："小王的父母也对她负责，但他们允许他学。"

争论有学习的效果，孩子通过争论学到争论的艺术。考虑到日后在工作中，以及和同伴的关系中会有争论，这种学习对儿童是重要的。

一些大人总认为自己家孩子顶嘴、不听话，但其实，现代文坛巨匠鲁迅也被儿子顶过嘴。

鲁迅的儿子叫海婴，在海婴还很小的时候，有一次，全家人去饭店吃饭，海婴的妈妈许广平先是夹了一个鱼丸给海婴，谁成想，海婴咬了一口，不高兴地说："不好吃，不新鲜。"

当时，一起吃饭的不只是他们一家三口，还有其他人，许广平赶紧又夹了一个给海婴，然后说："小孩子别乱说，你再吃一个，很好吃。"

海婴很不高兴，嘟着嘴说："不新鲜。"

许广平很生气,开始教育海婴,因为她吃到的鱼丸明明很好吃,孩子这么挑食,必须好好教育,但鲁迅什么也没说,拿过海婴碗里的鱼丸,咬了一口,果然是馊的。

原来,那家饭店掺假,所以鱼丸一半是新鲜的,一半是馊了的。鲁迅说:"他说不新鲜,一定也有他的道理,不加以查看就指责是不对的。"

可见,孩子闹脾气、顶嘴时,我们先不要急于下定论,也别急着生气,你需要先听完、查证,再去评论。

教育专家建议,日常生活中,面对孩子的顶嘴,父母要明确以下几点:

(1)大人认错,没什么大不了的。遇到孩子顶嘴,首先我们自己要进行自我反思,如果我们在表达中带有情绪,或者没有顾虑到孩子的感受,我们就要先服软、反省自己,承认自己错的地方,孩子自然而然愿意认错。

(2)少命令,多给选择。比如,我们不要命令孩子喝什么营养的汤:"宝宝,这个很好,你一定要喝。"

而可以这样让他自己做选择:"小宝今天想喝西红柿猪肝汤,还是玉米排骨汤?"让他来做决定。这时候,无论孩子选哪种,都在你的可控范围内。

(3)少用否定句。我们家长很多时候喜欢拿自己孩子与其他孩子比较,并且屡试不爽。

比如,一位家长说自己女儿的吃饭习惯不好,作息习惯不好,学习习惯也不好。经常这样说,她的女儿生气了,直接回了句:"那你也没有别人家妈妈好。"

的确,我们大人其实和孩子一样,没有什么完美的人,我们要善于挖掘孩子身上的优点。批评孩子的时候,多想着他的优点,先欣赏他,再转到他做得不好的方面,告诉他有很多进步的空间,他也就像一头犟驴被捋顺、没脾气跟你抬杠了。

总得来说,我们教育孩子,尊重是前提与基础,当我们抱着"我这么做都是为了你好"的怨念,居高临下去教训孩子时,孩子回馈我们的就是顶嘴。当我们蹲下去,跟孩子保持一样的高度,从内心深处平等地对待孩子时,孩子回报我们的也会是乖巧。

自卑胆小的孩子真的更温顺吗

王女士的女儿丹丹10岁了,性格安静,不怎么说话,长得很乖巧,就是脸上有很多雀斑,可能跟遗传有关系,但王女士是个很乐观的人,平时也总拿自己的缺点开玩笑。

然而,最近女儿的一个表现让她很担忧。

有一天,下班后,她来学校接女儿,就在学校墙角那里,她看到一群高年级男生在欺负女儿。

"小胖妹,一脸麻子斑,将来嫁不出去咯。"

"这么丑,就别出门了啊,真难看。"

"我见过她妈,哈哈,也是麻子。"

听到这些后,丹丹真的生气了,她捡起地上的木棍,朝这些男生打过去。看到这一幕,王女士赶紧走过去,准备拉女儿走开,但没想到女儿对自己说:"都是你的错,把我生得这么丑,我才被同学们笑话!你滚开!"女儿发脾气的样子,真的让王女士震惊了。

"难道是我错了?我以为女儿和我一样自信,这个咆哮的女孩子真的是我的女儿吗?"

事实上,和王女士的女儿一样,很多儿童的心里都住着一个魔鬼——自卑,通常来说,我们都认为,那些自卑胆小的孩子脾气会更温顺,更听话,但事实上往往相反,这些自卑的孩子更敏感。对于那些自信、情绪外显的孩子,他们更善于抒发内心的情感,因而懂得自我排解不良情绪,而那些自卑、内向的孩子,他们会把内心的不快郁结在心中,当他们的自卑处被挖掘出来的时候,他们的脾气就会爆发出来,甚至一反常态,这就如王女士感叹的:"这个咆哮的女孩子真的是我的女儿吗?"

我们都知道,自尊心是尊重自己的人格,尊重自己的荣誉,维护自己尊严的一种情感体验。但过分自尊的人有的也是过分敏感的人。实际上过分自尊的人中有不少人是自卑者,他们用过分自尊来掩盖自卑。由于常常觉得自己不如别人,又担心别人看不起自己，于是在交往中特别关注别人对自己的态度，过分重视他人对自己的评价。

对于孩子来说，他们大部分的时间都生活在集体中，自然很容易把自己和周围的朋友、同学相比，当自己的某一方面不如他们的时候，自卑感便油然而生，并把这种不如人的想法积压在心中，甚至不愿意与朋友、同学相处。因此，他们往往很敏感，抱有很大的戒心和敌意，不信任别人，芝麻绿豆大的小事也会引发一场轩然大波。

通常来说，他们之所以会有自卑心理，主要是因为三个方面的原因：学习成绩不如人、家庭条件不如人或者身体上有缺陷等，那么，作为家长，对于自尊心过强的孩子，我们该如何帮助他们消除自卑呢？

1. 告诉孩子正确评价自我

我们要帮助孩子充分认识自己的能力、素质和心理特点，告诉孩子，不夸大自己的缺点，也不抹杀自己的长处，这样才能确立恰当的追求目标。特别要注意对缺陷的弥补和优点的发扬，将自卑的压力变为发挥优势的动力。

2. 帮助孩子提高勇气

我们要帮助孩子提升勇气，如可以教会孩子在各种活动中自我提示：我并非弱者，我并不比别人差，别人能做到的我经过努力也能做到。认准了的事就要坚持干下去，争取成功；不断的成功又能使他看到自己的力量，化自卑为自信。

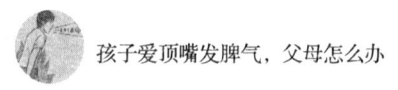

3. 积极与人交往

你可以告诉孩子,不要总认为别人看不起你而离群索居。你自己瞧得起自己,别人才不会轻易小看你。能不能从良好的人际关系中得到激励,关键还在自己。要有意识地在与周围人的交往中学习别人的长处,发挥自己的优点,多从群体活动中培养自己的能力,这样可预防因孤陋寡闻而产生的畏缩躲闪的自卑感。

4. 教会孩子掌握一些消除自卑情绪的方法

其实,每个孩子身上都有无法代替的优点和潜能,父母需要教会孩子懂得将优点发现并发挥出来,那么,他就能自信起来。你不妨告诉孩子以下方法:

想一想:对于挫折,你要换个角度来想,挫折和失败是对人的意志、决心和勇气的锻炼。人是在经过了千锤百炼后才成熟起来的,重要的是吸取教训,不犯或少犯重复性的错误。

比一比:与同学、好友相比,这没错,但不能只看到自己的缺点和不如人的地方。你要这样想,我虽说比上不足,但比下有余,应及时调整心态,保持心理平衡。不因小败而失去信心,不因小挫折而伤掉锐气。

走一走:到野外郊游,到深山大川走走,散散心,极目绿野,回归自然,荡涤一下心中的烦恼,清理一下混浊的思绪,净化一下心灵的尘埃,换回失去的理智和信心。

作为家长,我们都知道,如果我们总是用消极的心态对待

第1章 孩子爱顶嘴发脾气,你真的知道原因吗

一切事情,那么不但什么事情都做不好,而且还会使自己产生无能、绝望的情绪。所以,在日常的生活中,家长应时刻引导孩子,遇事多向积极的方面考虑、用乐观的心态看待一切事情等。当孩子拥有积极的心态后,他们往往就能很自然地保持积极的自我情感体验。

"输不起"的孩子脾气差

天天一直是个乖巧的孩子,但这一天,妈妈却接到老师的电话,说天天在学校跟人打架了,叫她赶紧来一趟。

赶到学校后,妈妈发现另外一名叫东东的男生和他的父母也在老师办公室,原来,儿子班上要重新选举班委,由孩子们自由投票决定。结果东东以多一票的成绩胜出,而去年的班长是天天,他一时接受不了这个现实,当场情绪激动,然后就推了东东一把,结果东东一不小心撞到了桌角,额头流下了鲜血。

天天妈妈处理完事情带儿子回家后,天天爸爸问清楚了事情的始末,很生气,正准备"教训"儿子,看着孩子那害怕的眼神,妈妈连忙拉住了先生。冷静下来后,他们问儿子当时为什么要那么做,天天被这么一问,豆大的泪珠掉了下来,哭着说:"我的票数为什么会比他的少?我为什么不能当班长?"

这里，天天为什么发脾气？因为他输不起。可能不少父母也发现，孩子好胜心很强，一旦在竞争中失败，就会怒从心中起，做出过激行为，而这就是典型的"输不起"的心态。

我们任何一位家长都明白一个道理，现在的孩子虽然是孩子，但终有一天他会成长，会进入社会，面对激烈的人际竞争，孩子拼的不仅是实力，还有心态，那些能输得起、拿得起放得下的才能笑到最后，而这些都需要我们从小培养，孩子阳光、健康心态的获得，必须要靠父母的引导。

可是现实生活中，我们发现，一些家庭对孩子过度疼爱，甚至已经达到溺爱的程度，他们不想看到孩子受到一点点挫折和委屈；也有一些家长认为孩子是自己的面子，在教育中，孩子成绩好、比赛赢了就能获得鼓励，而成绩不理想、输了就遭到指责，这种教育方式是很不可取的，这样做很容易让孩子走向两个极端，要么失败了就爬不起来，要么就非赢不可。这样的孩子哪里输得起，又怎能以正确的心态面对挫折和失败呢？更别说有很好的情绪控制能力了，这也就是为什么一些孩子面对失败时会如此生气。

我们发现，这些"输不起"的孩子，往往会在与人交往时，喜欢做核心人物；当不能成为社交中心时，就会发脾气；同时，他们不会感谢人，易受外界影响等。其实，当孩子遇到挫折而沮丧、焦虑、自卑时，家长的职责不在于怎样保护孩子今后不受挫折，而在于如何提高孩子的抗挫折能力。家长应有

第1章 孩子爱顶嘴发脾气，你真的知道原因吗

意识地在日常生活中培养孩子做事的目的性和持久性，并帮助他们通过克服困难来锻炼意志。

其实，从心理学的角度来讲，孩子"输不起"是一种正常现象。无论做什么事情，孩子总是希望自己比别人强，以获得周围人的认可。可是儿童年龄小，各方面都不成熟，他们并不了解自己的强项和弱项，在人前或是在集体活动中，一旦不如人，他们就会发脾气。

一般来说，儿童"输不起"通常会有两种表现，一种是面对挫折和失败，采取回避的办法逃避困难。比如，妈妈批评小强学钢琴不认真，不如隔壁的玲玲弹得好，听到这话，小强要么索性不弹了，要么直接回击妈妈。另外一种是一旦在游戏中输了，就大发脾气或哭闹以示宣泄。在幼儿园，老师们常会遇到因为抢不到发言机会而委屈哭泣的孩子。

作为孩子的第一任教师，家长在孩子个性形成过程中起着非常重要的作用。引导"输不起"的孩子，家长首先要平衡自己的心态，正确看待孩子的失败。当孩子在学习和游戏中受挫时，应该教育他们克服沮丧和悲观的思想，帮助他们分析失败的原因，以积极的心态对待暂时的受挫。

面对"输不起"的孩子，家长该如何开导，让他们坦然面对输赢呢？

（1）当孩子还在孩子幼儿阶段时。对于这个阶段的孩子，可以通过让他们体验成功来逐步建立自信，然而，在孩子成长

的过程中，也会不可避免地遭遇挫折，此时，我们要对孩子进行引导，让他们明白失败与挫折都是人生中的一种情感体验，让他们积极面对。

（2）让孩子学会独立面对失败。家长不要过分为孩子排除一些在正常环境中可能遇到的困难，当孩子遇挫时，家长不要立刻插手，不妨留给孩子自己面对失败的机会。

（3）鼓励孩子参加集体游戏，提升耐挫力。孩子会经历一些挫折和失败，这些失败的痛苦经历能让他们更好地认识自己，发现自己的缺点和别人的长处，发展他们的内省智能。这样，他们一方面学会了欣赏别人，和同伴友好相处，共同合作；另一方面，在与同伴的交流中，可以学会如何克服困难、解决问题。

（4）成人与孩子的游戏中，不要故意输给孩子。适当的时候玩一些输了也有奖励的游戏，奖励的前提是要孩子总结出输的原因。通过这种办法，可以平衡孩子"输不起"的心态。

总之，在孩子成长过程中，当发现孩子总是希望自己比别人强，一旦不如人，就表现出不高兴甚至会发脾气的时候，就说明孩子有"输不起"的心态。对此，作为家长的我们要进行有效干预，一段时间过后，这些引导就会起作用，从另外一个方面考虑，一旦家长的干预起到了作用，就能对孩子在屡次的竞争中，无论是输是赢，都能够保持平和的心态。在这种轻松的心理环境中，孩子的表现也自然更优秀。这样的孩子能真正体会到"竞争"的含义!

细心观察,留意孩子的情绪变化

这天,上小学的多多放学回家,进门就嚷:"妈,从明天开始,我不去学校了!"

如果平时孩子的爸爸在家,一定会严厉地训斥他。但妈妈是个温和的人,她知道儿子肯定是受了什么委屈。

"为什么不去呢?"

"没什么,感觉不大舒服。"

"不舒服,哪里不舒服?怎么不早点请假回来呢?"

"不想耽误学习啊,你别问了,反正我不去。"其实,妈妈知道,儿子说话这么有力气,怎么会身体不舒服,一定另有隐情。

"可是,今天不舒服,明天不一定不舒服啊,要不,妈妈带你去医院吧。"妈妈在说这话的时候,故意露出一点笑容,儿子明白,妈妈看出端倪了,于是,他只好说:"妈,我是不是很没用啊?"

"怎么这么说呢?我儿子一直是最棒的,有最棒的体格,最棒的学习接受能力,待人温和,还疼妈妈。"

听到妈妈这么说,儿子笑了,主动说出了今天遇到的事:

"妈,今天老师叫我们写一篇作文,我拼错了一个字,老师就嘲笑了我一番,结果同学们都笑我,真没面子!"

此时,妈妈没有说话,只是搂着伤心的儿子。儿子沉默了几分钟后从妈妈怀中站了起来,平静地说:"谢谢你听我说这些事,我要去公园了,同学们还等着我呢。"

从这个故事中,我们看到一对母子间的和谐关系。可见,亲子关系和谐的家庭,父母一定是懂得随时关注孩子的情绪的,当孩子有烦恼时,他们总是能成为孩子的知心朋友。

的确,任何人都是有情绪的,包括喜、怒、哀、乐、恐惧、沮丧等,因为人是情绪的动物,人的情绪也是与生俱来的。孩子逐渐长大,也开始有了多变的情绪,如一些孩子喜欢发脾气,喜欢对抗父母等,而其实,孩子产生这些情绪都是有原因的。作为父母,我们在日常的生活中要多留心观察,留意孩子情绪的变化并及时予以疏导,不然,他们的情绪就会像一匹脱缰的野马四处乱撞。

那么,作为父母,当你们对孩子的情绪予以理解以后,又该怎样帮助孩子顺利梳理好情绪呢?

作为父母,你是否发现,当孩子呱呱坠地时,我们会特别留意他,会留意孩子的声调、面部表情、动作、姿势等,会用自己的行动表达对孩子的爱,可当孩子逐渐长大后,做父母的反倒把这种表达爱的方式搁浅了,而很多父母都没有注意到这种细微的变化,因此孩子离我们越来越远,孩子的各种情绪开

第1章 孩子爱顶嘴发脾气，你真的知道原因吗

始日益明显，如动不动就发脾气、对抗父母，很多家长抱怨孩子不好管，然而事实上，没有教不好的孩子，只有不好的教育方法。只要方法妥当，任何孩子都是优秀的；只要用心，总能找到合适的教育方法，而孩子更需要的是家长的爱和关心。

因此，作为父母，要体贴和帮助孩子，要对孩子身心发展的状况予以留意，对他们发脾气和顶撞父母的行为举止要予以理解并认真对待。认识到孩子的情绪管理至关重要，继而理解孩子，才能和孩子做朋友。

我们家长要做到：

1.理解、信任你的孩子，查找孩子发脾气的原因

可怜天下父母心，每个父母都是爱孩子的，可是教育的结果却完全不同，为什么有的家长能跟孩子和谐相处、情同知己，有的却水火不容、形同陌路。这是教育方法的不同所造成的，作为父母，首先要了解你的孩子，关注孩子的成长过程，要了解孩子为何发脾气，只有这样，才能对症下药，帮助孩子舒缓情绪。

2.适当"讨好"一下你的孩子，缩短彼此间的心理距离

当然，这里的"讨好"并不具备任何功利的目的，而是为了加强亲子关系。父母应该偶尔赞扬一下孩子，或者带孩子出去散散心等，让孩子感受到家庭的温暖，彼此间的心理距离就拉近了。那么，孩子自然愿意向你倾诉了。

3. 不要总是压制孩子表达自己的想法

一些父母,总希望孩子什么都听自己的,事实上,孩子越是被压制,越是要反抗,也就越喜欢顶嘴、发脾气,为此,不少父母觉得孩子很难沟通,其实,孩子也想对父母说实话,只是很多父母总是端着家长的架子,甚至压制孩子的想法,孩子又怎么愿意与你沟通呢?因此,聪明的父母都会引导孩子发表自己的意见,让孩子畅所欲言。

4. 尊重孩子,平等交流

家长要学会跟孩子聊天,不要认为孩子的世界很幼稚,对孩子的话题不感兴趣。不论孩子为什么产生坏情绪,也无论孩子说什么,我们最好都表现出很感兴趣,这样孩子才有跟你交谈的欲望。

望子成龙、望女成凤的家长们,在日常生活中,如果发现你的孩子总是脾气暴躁,或者喜欢对抗父母,那么,你就要考虑孩子为什么会有这样的情绪了,此时,你要从理解孩子、尊重孩子的角度,做孩子的朋友,他才会对你敞开心扉!

青春叛逆期的孩子更喜欢与父母对着干

以下是一些青春期孩子的父母的教育心声:

"女儿以前读幼儿园时很懂事乖巧,叫她做什么就做什

第1章 孩子爱顶嘴发脾气，你真的知道原因吗

么。自从上了小学就跟变了一个人似的，老说我唠叨，多说一句就厌烦我，摔门走开。我为她做了这么多，她却不领情！"

"儿子13岁，年前还是个很听话的孩子，过完春节就不行了，学习成绩急剧下降，偷着上网吧，跟不好的孩子玩，作业也不做。我现在处处监督他，可是越管越不听，特逆反，老跟我顶嘴，和我对着干。我让他往东，他往西，吃饭时，我让他多吃蔬菜，他就是要吃肉，我让他买绿颜色的衣服，他非要买黄颜色的，反正总是犯拧，求他也不是，骂他打他也不是。我没招了！"

可能不少父母都和故事中的家长一样，为什么孩子小时候那么听话，一上了学好像就变得犯拧了？为什么现在的脾气这么大？为什么总是要与自己对着干？这到底是什么原因？

前面我们分析，有的孩子喜欢顶撞父母，可能是存在某些心理需求，而对于青春叛逆期的孩子来说，与父母对着干便成了他们的常态。教育心理学家称，人生的第一个反抗期出现在3~4岁。从心理成长的角度来说，孩子在三岁之前，是与父母处于一体的状态，但在三岁以后，他们的大脑皮层快速发育，语言、运动能力大大提高，渐渐能够区分自己与环境的不同，所以，此时的他们开始希望自己能独立行动，如果家长处处管着他们，他们便开始反抗，从而事事与父母对着干。

其实，作为父母，我们要用心去感受孩子成长的变化，来合理地引导孩子。好的教育是让自己的教育方式适应孩子，

025

而不是让孩子来适应你的教育方式。也不要认为孩子小时候你所给予的教育方式是正确的，毕竟那个时候的孩子很小，无法反抗和拒绝父母，而现在，长大的孩子已经懂得了如何说不，敢于违抗父母的意思了，所以此时的家长突然不知道如何是好了……

可怜天下父母心，所有的父母都认为自己爱孩子，却不知道怎样教育孩子，一味地训斥孩子只会让孩子更加反抗，其实我们要从孩子的成长特点和心理变化着手，如果孩子总是和我们对着干，我们最好这样做：

1. 把命令改为商量

对于孩子的行为和想法，父母不可武断决策，而应该先尊重孩子的意见。比如，我们可以这样告诉孩子："这件事你怎么看？""你打算如何处理呢？""你打算什么时候开始做呢？"当你了解了他的观点、看法和实施方法后，再进行指正和交流："我认为那样做可能会出现不理想的效果，比如……你认为妈妈的意见对吗？"当然，在说这些话的时候，我们要用商量的语气。

孩子是敏锐的，也是聪明的，对于你的话，如果他认为对的，就采纳你的意见，同时，在这样的交流中，也能加深亲子之间的关系。

再比如，周末时，如果孩子想去朋友家玩，你不应阻止，而应该鼓励他与更多的孩子玩，但一定要讲究原则，如要告知家长自己要去的地方，什么时候回，都有哪些人，玩多长时间。如果孩子要求在朋友家住，你要告诉孩子不行，如果晚了，爸爸妈妈可以去接你。那样爸爸妈妈才不会担心。

你要支持他，但同时告知他，原则不能破坏，这样，孩子既能体验到玩耍的快乐，也不会放纵自己，我们要给孩子一个空间，让他自己去体验，去成长。家长永远是孩子的后盾，是支持者和帮助者，才不会让孩子离自己越来越远，才会让孩子幸福快乐地成长。

以商量的方式去解决问题，即使商量失败，感情氛围也会增强，有利于以后问题的沟通。家长经常的错误是，当前问题没解决，还破坏了感情气氛，阻断了感情沟通，失去今后问题解决的机会。

2. 不妨让孩子吃点"苦头"

这个阶段正是孩子形成主见的关键时期，小错肯定难免，所以，家长应该允许孩子犯一点错、吃点亏，不要过分束缚孩子的手脚。

举个很简单的例子，如果你的儿子"要风度不要温度"，寒冬腊月坚决不穿毛衣，如果与他商谈没成功，不用着急，让他挨冻一次没关系，真感冒了，他会明白你的意图，以后会考虑你的意见。

总之，在教育孩子这一问题上，支持要比压制好，商量要比命令好，另外，只要孩子的想法合理，就要给以全力的支持！

第2章
孩子动不动就发脾气，别让孩子成为一只愤怒的小鸟

作为成人，我们都知道，任何人都有情绪，而愤怒就是其中的一种，我们都会生气，孩子也是，但我们也知道，愤怒并不是一种积极正面的情绪，它不但会使孩子产生不愉快的情感体验，还会让我们做父母的心情糟糕。面对孩子的愤怒情绪，我们不能采取棍棒式教育，对孩子一味地斥责、打骂等，而应该采取正确科学的方法进行疏导，那么，我们该如何应对呢？在本章，我们将着力了解这一点。

孩子爱顶嘴发脾气，父母怎么办

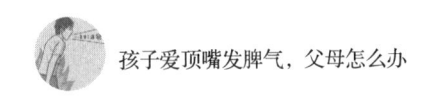

孩子产生不满情绪的原因有哪些

家庭教育中，不少父母感叹，我们的孩子不知道从什么时候起，好像变得特别爱生气，经常因为一些小事。比如，没有买到喜欢的玩具，或者输了游戏而大发脾气，很难管教。尤其在公共场合，训孩子怕伤了孩子的自尊心，不发威又怕孩子从此变本加厉，更加无法无天。要想孩子不发脾气，得先知道孩子发脾气的原因，那么，孩子产生生气情绪的原因有哪些呢？

教育心理学家经过分析发现，孩子可能因为以下几点原因而生气：

1. 想吸引父母的注意

父母平时工作忙，好不容易闲下来，也想看看电视玩玩手机放松一会。孩子吵着要你陪他玩，可能都被你敷衍地拒绝了。

孩子感觉自己受到了冷落，可能就会借故哭闹，甚至发脾气，想要引起你的注意。

可以的话，父母应放下手机，陪孩子玩一会，孩子的成长需要你们关心和陪伴。

2. 为了达成目的

会哭的孩子有奶吃。在过于宠爱孩子的家庭里，一些孩子发现只要生气、苦恼就能得到自己想要的，当他们发现自己这一招管用时，一旦想要喜欢的玩具、想吃的零食，就会"故技重施"，就算哭不出来，也要扯着嗓子干嚎一会。

其实，当孩子第一次出现这种情况的时候，父母就应该坚决制止，不让孩子形成这个坏习惯。坏习惯要是已经形成，及时纠正也不算晚，对孩子不合理的要求坚持拒绝，如果劝说无效，那就"忽视"孩子，有过几次失败经历后，这种坏习惯慢慢就会消失了。

3. 被父母误解

比如，家里丢了钱，一些父母不问青红皂白，就认为"始作俑者"是孩子，就对他们大加训斥，孩子内心委屈，也会生气。

4. 逃避责任

有些孩子做错了事，害怕被父母责骂，就会通过发脾气、哭闹来转移家长的注意力。

比如，孩子在做家务的时候打碎了盘子，孩子可能会因为害怕挨骂而发脾气。

面对这种情况，父母要区别对待，孩子如果是无意犯错，父母就不要责怪他了，让孩子下次注意就好；如果是故意的，也不要让孩子因为闹脾气而逃避责任。

5. 受父母影响

父母要是爱发脾气，孩子也会有样学样地用发脾气来发泄

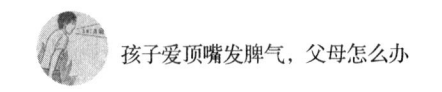

自己的坏情绪。

有些家庭，父母喜欢一个唱红脸一个唱白脸，妈妈训孩子，爸爸立马出来拦，这样孩子会觉得自己有"靠山"，更加肆无忌惮。

父母的言传身教对孩子的脾气也有很大的影响。要想孩子不乱发脾气，父母也要克制自己的脾气！

面对孩子的坏脾气，我们该怎么应对呢？

第一，对孩子有耐心。当孩子发脾气时，不要立马指责孩子："你怎么这么不讲道理？""怎么会有你这么不懂事的小孩！"

要试着接纳孩子的坏脾气，放下手中的事安抚孩子，孩子的坏脾气通常都是短暂的，等孩子平静下来再跟他分析对错。

第二，引导孩子说出原因。孩子发脾气不外乎以上几种原因，让孩子平静下来以后，更要关心孩子背后的想法。引导孩子说出暴躁的原因，教孩子用更合理的方式去发泄情绪。

第三，给孩子立规矩。家庭教育中，教育孩子，光有爱还不够，一定要立规矩，要让孩子明白，发脾气并不能解决问题。不是不允许孩子有情绪，而是要学会控制自己的情绪。

如果孩子常发脾气，父母就把这个故事讲给孩子听：

从前，有一个脾气很坏的男孩。他的爸爸给了他一袋钉子，告诉他，每次发脾气或者跟人吵架的时候，就在院子的篱笆上钉一根。第一天，男孩钉了37根钉子。

后面的几天他学会了控制自己的脾气,每天钉的钉子也逐渐减少了。他发现,控制自己的脾气,实际上比钉钉子要容易得多。终于有一天,他一根钉子都没有钉,他高兴地把这件事告诉了爸爸。

爸爸说:"从今以后,如果你一天都没有发脾气,就可以在这天拔掉一根钉子。"日子一天一天过去,最后,钉子全被拔光了。

爸爸带他来到篱笆边上,对他说:"儿子,你做得很好,可是看看篱笆上的钉子洞,这些洞永远也不可能恢复了。就像你和一个人吵架,说了些难听的话,你就在他心里留下了一个伤口,像这个钉子洞一样永远无法恢复如初。"

插一把刀子在一个人的身体里,再拔出来,伤口就难以愈合了。

总的来说,生活中,如果孩子产生生气情绪,我们一定要找到原因,对症下药,帮助孩子合理控制和宣泄坏情绪,让孩子提升自己的情绪自控力。

保护孩子的负性情绪

生活中,相信不少家长会遇到这样的情况:在路上遇到了熟人,他们会赶紧叮嘱孩子:"叫阿姨(叔叔)好。"有些孩子不肯叫，有些孩子声音低得只有自己听得见。这时总会听到家长轻声责怪孩子："你这孩子，跟你叮嘱多少次了，叫你看见长辈要有礼貌，怎么还不叫，真是不懂事。"家长一边责怪孩子，一边跟熟人解释："孩子很胆小，别见怪。"

那么，家长这样做，对不对？

我们先将这一问题搁置，再来看下面的场景：

电梯内，一位妈妈带着一个小女孩，旁边还有另外一位女士，女士看到小女孩很可爱的样子，就问："小姑娘，你好啊，你几岁了？"

看到陌生人在问自己问题，小女孩紧张起来，然后将小脸紧紧地贴在妈妈的腿上，一声不吭。妈妈则低下头告诉女儿："别不好意思，告诉阿姨你几岁了。"

这下，女儿躲藏得更深了。妈妈有点歉意地对说："她就是这么胆小，没办法。"

这位女士笑了笑，直到这三个人都离开电梯，小女孩也没有开口。

我们再来看一则相反的案例：

在某心理医生的诊所里，有位妈妈前来求助，她告诉医生，她女儿已经7岁，什么都好，就是胆小怕黑，不敢自己待在房间里，这让她感到很焦虑。

在这位妈妈陈述完自己的苦恼后，完全没想到医生会这样说："你的女儿很敏感，她很懂得保护自己。"

然后，医生对小女孩翘起大拇指，对女孩子说："你很棒!"本来缩在沙发上紧张不安的小女孩，脸色立即明朗起来，治疗结束时，居然兴高采烈的。

这里，孩子的进步大概是因为终于有人帮助她的父母更好地理解她了。

这里，医生所演示的，正是"保护我们的负性情绪"。而电梯中的父母，以及我们通常所做的，则完全相反。我们常常批评、压制、否定、责备甚至呵斥那些表现出负性情绪的孩子。

其实，母亲在孩子刚刚降生的最初一年里，都做得非常好。当孩子哭闹时，母亲不是制止孩子哭，而是检查孩子是否饿了、冷了、尿了、受伤了。所有疑点都排除后，如果孩子还是不停地哭，母亲就会送孩子上医院——负性情绪提示我们，人正处在不良状态中，或者很不适应当时的环境。

我们要解决的，不是克制情绪或者压制情绪，而是去掉环境中不利的因素，或者积极主动地调整我们自己，以更好地适应环境。遗憾的是，当孩子长大后，我们却常常简单、"粗暴"地遏制这些具有保护意义的负性情绪。

要好好保护我们的负性情绪，它会保护我们和我们的后代远离危险。电梯中的母亲在发现孩子的躲避行为后，可以立即把孩子抱起来，给她直接的安全感，告诉孩子："我知道，你不认识这个阿姨，所以有些害怕。"然后，和对方交流孩子的

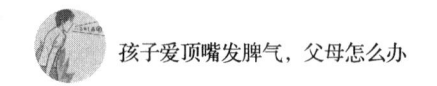

情况。当孩子观察到母亲可以轻松愉快地和这个"陌生人"交流时，她就会慢慢放松下来。经过一段时间的"情境安全感评估"后，孩子也许就敢尝试接近陌生人了。

那么，估计不少家长会问，我们如何保护孩子的负性情绪呢？其实很简单，就是学会理解孩子，认同孩子的情绪，并让他们学会表达和宣泄自己的坏情绪。

心理学家认为，人在精神压抑的时候，如果不寻找机会宣泄情绪，会导致身心受到损害。生理学研究表明，人的泪水含有的毒素比较多，用泪水喂养小白鼠会导致癌症。可见，在悲伤时用力压抑自己，忍住泪水是不合适的。另外，在愤怒的时候，适当的宣泄是必要的，不一定要采取大发脾气的方法，可以采用其他一些较好的方法。所以，家长不妨引导孩子采取以下方法发泄自己的情绪：在孩子盛怒时，让他赶快跑到其他地方，或找个体力活来干，或者干脆让他跑一圈，这样就能把因盛怒而激发出来的能量释放出来；同时，如果孩子不高兴或遇到了挫折，你可以把他的注意力转移到其他活动上去。例如，当孩子在厨房里吵闹着要玩小刀时，把她带到一水池的肥皂泡面前以分散她的注意，她很快会安静下来。另外，场景的迅速改变也能达到同样的目的——安静地把孩子从厨房带到房间里去，那里有许多吸引她注意力的东西，玩具恐龙、图书都可以让她忘记刚才的不愉快。

父母如何正确对待孩子的坏脾气

我们都知道，家庭教育是一切教育的起点，它无处不影响着孩子的成长，良好的家庭教育能塑造孩子美好的品质。当今社会，很多家庭都是独生子女，对孩子的培养以宠爱为主，导致孩子的自控能力差，动不动就发脾气，那么，孩子为什么会发脾气呢？

对于年幼的孩子来说，他们之所以愤怒、发脾气，多半是因为他的诉求没有得到满足，最早是体现在他们的物质需求得不到满足而产生不满与焦躁情绪，而随着他们年龄的增长，愤怒就会越来越多地体现在心理诉求得不到满足的情况下。

生活中经常会发生一些不愉快的事件，这些事件会影响人们的情绪，尤其是遭受挫折时，人们会沮丧、抑郁，孩子当然也不例外，例如孩子在学校没有考好，没有评上三好学生或者被同学欺负了等，这时孩子就会出现明显的挫折感，他们会不高兴，会找出一种发泄的方法，发脾气就是其中最常见的一种，有些性格懦弱的孩子甚至还会哭闹。一碰到孩子哭闹，父母就觉得可能是自己没有做好，内心有愧疚；还有的妈妈听不得孩子哭，孩子一哭就要想办法制止；还有一些家长，面对孩子哭闹或是发脾气的时候，自己会按捺不住心中的怒火，或是训斥或是打骂孩子。这些都是错误的解决办法，只能强化孩子的这种消极心理。

溺爱孩子，就是认同孩子发脾气是正确的，而家长的认同只能增长孩子的坏脾气。而父母对孩子比较粗暴，动不动就训斥孩子，孩子对各种事情没有任何解释和发言权，会使孩子减少或缺乏学习用语言正确表达情感的机会，也就有可能最终学会粗暴待人等不良习惯，这会对孩子的未来造成消极影响，不利于孩子以后的生活和事业。

那么，如何正确对待孩子的坏脾气呢？

第一，家长首先要管理好自己的情绪，给孩子做个榜样。

如果家长自己都不能很好地管理自己的情绪，如孩子哭闹时，自己先忍不住，要么逃避要么以不耐烦甚至粗暴的态度面对孩子，孩子是不可能学会正确管理情绪的。

有位父亲在谈到教育女儿时说："小孩子都是有样学样的，而且他们还会记在心里，记得有一次，我就说她：'小姑娘不可以这么大声说话。'结果她马上反过来说我：'你平时不也是这样说话的吗？'听到女儿这么说，我才意识到自己平时的情绪控制能力不好，一定要克制自己的急性子，只有这样，才能给女儿做好榜样。"

无数事实证明，父母的一言一行对孩子的影响是巨大的，如果父母说话大嗓门，那孩子讲话也必然不会细声细语；父母说话无所顾忌，孩子自然也会大大咧咧……所以要想培养出好脾气的孩子，父母必须以身作则。

家长需要明白以下几个道理：

1. 先找到孩子发脾气的原因

家长需要认识到，哭闹和发脾气是孩子心情不好时的一种本能表现，是孩子发泄心中负面情绪的一种方式。一方面，他们还小，不能很好地控制自己的情绪；另一方面，孩子需要学习其他更能够被别人接受的方式，让自己心情平静。

2. 小孩子的哭闹和发脾气，并不是坏事

年纪小的孩子发脾气很正常，而且是有益于孩子身心健康的，一味地给孩子压力，不让孩子哭，孩子找不到发泄的方式，反而容易引发心理疾病。

教孩子学会管理自己的情绪、控制自己的脾气，需要循序渐进地执行，而不是一蹴而就的，因为孩子的自控能力不是一下子就能形成的。可能在很长的时间里，家长都需要耐心地面对孩子的哭闹，并逐渐引导孩子学会其他的发泄方式。

中国有句老话："孩子见了娘，没事哭三场。"确实，孩子在母亲面前，要比在别人面前更爱哭闹。这是非常正常的现象，妈妈们千万不要担心，别以为这样会把孩子惯坏。

父母要认识到唯有沟通才能帮助孩子控制脾气。

沟通没有通用的模式，与一个孩子沟通的方式并不总是适合于另一个孩子。因此，父母必须根据自己孩子的特点，创造自己的沟通方式。

一位母亲说，她的儿子性格内向，平时不爱说话，但脾气暴躁，动不动就跟人急眼，她也找不到和儿子沟通的方法。

后来，这位母亲发现儿子喜欢写作，所以，她尝试着与儿子一起看书，一起阅读，然后鼓励儿子阐述书中的内容，并且鼓励儿子自己写作，做儿子作品的第一个读者，一段时间后，她发现，儿子果然温顺了起来。

可见，成功的亲子沟通没有什么秘诀，只要你是有心人，就能找到适合自己孩子的沟通方式。

第二，帮助孩子找到合理的发泄情绪的方式。

家长要帮助孩子学会用语言表达内心的感受。比如，孩子因为妈妈不同意带他去吃麦当劳而哭闹的时候，妈妈可以说："你现在一定很想去吃麦当劳，可是我们约定一周才能去一次，今天去不了，真遗憾，我也替你感到很伤心。"这样帮孩子说出来，孩子心里就会感觉好受一些。逐渐地，他也能够学会用语言代替哭泣来表达情绪。还有一点需要强调的是，家长要允许孩子哭闹，但是不能因为孩子的哭闹而纵容孩子。

有的家长特别怕孩子哭，一看孩子哭，就会纵容孩子的某些错误做法，或者给孩子许诺、满足孩子的"无理要求"。比如，孩子一哭就答应给孩子买糖买玩具等，这样做，不仅不能解决问题，还会让孩子发现，哭闹能换来很多"好处"，以后，他会更多地采用这一"秘密武器"。

孩子长大一些时，则尽量鼓励孩子用语言表达自己的情绪，告诉他遇到问题时要讲道理、说原由，而不要动不动就乱闹、发脾气。

对新环境的不适应导致孩子发脾气

小超已经5岁了,刚上幼儿园。

傍晚,妈妈去接小超的时候,发现小超一脸泪水,她便询问老师儿子在学校的情况。

"别提了,其他小朋友都挺乖的,虽然也哭着要妈妈,但是只有小超一直发脾气,而且还跟其他小朋友动手。"

晚上回家后,妈妈问小超:"我知道小超肯定有不开心的事,所以才发脾气的是吗?"

"我不想上学,我想天天跟着妈妈玩。"小超一说完,就扑向妈妈,抱着妈妈的腿不肯放手。

妈妈看到儿子这样,心里一酸,差点掉下泪来,夜里,她好不容易将小超哄睡着,还听到儿子嘟囔:"妈妈不要走。"

这里,5岁的儿童小超之所以会在幼儿园大发脾气,是因为他对生活环境——从家庭到学校的不适应。除了这一阶段的孩子,从幼儿园到小学,小升初的孩子,都有这些情绪上的变化。

具体来说,环境的变化有以下几点:

1.要面对新的环境

孩子面对初来乍到的新环境,难免会不适应。尤其是那些需要寄宿的孩子,会产生饭菜吃不惯、环境不熟悉等问题,对此,父母要给孩子打好预防针,给予适当的鼓励,可帮助孩子

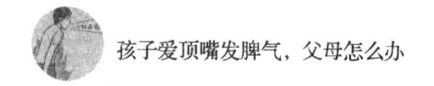

勇于面对、坚强忍耐。

2. 人际关系不同

任何一种环境的改变，对孩子冲击最大的就是人际关系的变动，面对一张张陌生的面孔，孩子难免会产生一种恐惧和惊慌感，对此，父母要鼓励孩子多与人交往，尽快适应新的人际关系。

3. 学习内容和方法的变动

孩子越来越大，学习内容越来越多，压力越来越大，也难免会产生负面情绪。

以小升初阶段为例，与小学相比，初中的学习要求更高，学习压力更大。而专家认为，在初中阶段，最明显的特点是学习习惯和方法与小学不同。有的孩子因为学习方法、思维方式跟不上，一下子很难适应，出现坏情绪也是很正常的，这需要一个磨合期。家长们也不要给孩子太多的心理压力和负担，应该多鼓励和引导孩子根据初中教学的特点，找到正确的学习方法，养成良好的学习习惯，积极探索、思考，及时预习、复习课堂知识，合理安排作息时间，制订各阶段的学习计划。

当然，除了以上几点措施外，家长最好在孩子即将进入新环境之前，帮助其做好心理准备工作，让孩子学会"热身"，这样，孩子不会显得手足无措。以进入幼儿园学习的孩子为例，如果你能帮助孩子顺利地适应入学，就容易奠定孩子升学后稳健的心理素质，孩子也会因为热爱新学校而变得身心健康、蓬勃向上。如果忽视了培养孩子的入学适应能力，会使有些心理脆弱的新生难以融入新的学校生活，形成心理障碍。

而对于其他阶段的孩子，要对其进行学习和心理上的双重"预热"。比如，一些家长认为，小学毕业后的暑假是中小学暑假生活指导的"空白"阶段，可以趁机让孩子痛痛快快地放松一下。这种想法是不对的，孩子即将进入初中，如果过度放松，很容易让孩子荒废学业，家长除了要帮助孩子做好一定的课程熟悉工作外，还可以带孩子到中学熟悉环境，了解中学的情况，结交中学生伙伴，介绍中学生的行为规范和学习情况。

当然，无论哪个年龄段的孩子，面对新的学习和生活环境，都是喜忧参半，既充满期待，又对未知世界心存怯虑。他们对新的老师、新的同学和新的环境也会感到陌生而不知所措；对此，不少家长也没有太多的思想准备，尤其是当孩子产生负面情绪时，不清楚应该如何消除。事实上，孩子能否以最快的速度融入新的环境，并适应更紧张的学习生活，直接关系到孩子未来的学习和生活状况。

总之，作为父母，面对孩子在成长路上出现的衔接过程，要妥善安排，让孩子做好充足的准备，这样可最大程度地减轻负面情绪的产生，让孩子尽快适应新的学习和生活环境！

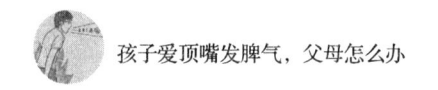

孩子内心承受力差易发怒怎么办

一天上午,杨女士正上着班,就被儿子老师的一个电话叫到学校,原来是儿子在学校跟人打架了。杨女士很奇怪,儿子平时很文静,连主动和熟人打招呼都不敢,怎么会打架呢?

杨女士赶到学校后,弄清楚了事情的始末:原来是班上有些男生挑事,说杨女士的儿子小强是"胆小鬼"。老师告诉杨女士,班上传言,小强到十岁了还尿床,这些男生知道后,就拿这件事嘲笑小强。而小强则因为这件事很生气,于是大打出手,体型高大的他把这几个男打得鼻青脸肿。

"我的孩子怎么了?"杨女士很是不解。

这里,一向乖巧的小强怎么会突然这么容易被激怒而跟同学大打出手?日常生活中,如果我们被人叫作"胆小鬼",兴许我们会生气,但绝不会太过情绪激动而做出一些伤人害己的事。当然,案例中,小强出手打人主要是因为其内心承受能力差,当同学嘲笑他时,一时激动的他便控制不住自己的情绪。

作为父母,我们都知道培养孩子的学习能力对其人生有重要意义,而其实,孩子的心理承受能力更关乎到一个孩子的成长状况,一个心理承受力强的孩子,情绪稳定,意志顽强,积极进取,敢于冒险,乐于尝试新鲜陌生的领域,面对挫折和变化也能保持乐观,百折不挠,越战越勇。相反,一个心理承受能力差的孩子,会畏畏缩缩、怯懦、焦虑、自卑,抗打击能力和抗挫折能力差，而且不敢尝试，因为不做就不会输。

其实，很多脾气暴躁、易怒的孩子都有着心理承受力差的弱点。要知道，我们的孩子将来会生活在一个更多变化的社会，他们将会面对职场的激烈竞争，复杂的人际关系，也免不了遭遇情场失意，事业困境，生意败北……总有一天，我们要先我们的孩子而去，不如早点把世界交到他们手中。他的心理承受能力，直接关系到他的人生是否幸福。

北京大学儿童青少年卫生研究所最新公布的《中学生自杀现象调查分析报告》显示：中学生每5个人中就有一个人曾经考虑过自杀，占样本总数的20.4%，而为自杀做过计划的占6.5%。其根源都与其心理承受能力有关。

因此，帮助我们的孩子疏导情绪，强化孩子的心理承受能力，是父母给予孩子受益一生的珍贵礼物。

为此，教育心理学专家建议父母这样帮助孩子疏导情绪，提升其情绪管理能力和心理承受能力：

1.告诉孩子学会冷却自己的情绪

你要告诉孩子："发火前长吁三口气。"事实上，很多事情都没有我们想象得那么严重。如果不学着控制自己的情绪，任着性子大发脾气，不仅解决不了问题，还会伤了和气。

2.告诫孩子学会正确地宣泄自己的情绪

孩子毕竟是孩子，他们的心理是脆弱的、敏感的、容易受伤的，他们也会悲伤沮丧，此时，你可以告诉他，不妨哭出声来。你要告诉他,一个坚强的人并不是始终不能哭,在过度痛苦和悲伤时,哭也不失为一种排解不良情绪的有效办法。哭不仅可以释放身体内的毒素,还能释放能量,调节机体平衡。在亲人和挚友面前痛哭,是一种真实感情的爆发,大哭一场,痛苦和悲伤的情绪就减少许多,心情就会痛快多了。流眼泪并非懦弱的表示。所以你可以告诉孩子,该哭当哭,该笑当笑,但要把握好一个度,否则会走向反面。

3. "事件"结束后,引导孩子理性分析和反省自己的情绪

等"事件"结束,心情基本平定之后,再帮助孩子做自我反省,就能较理性、客观地看待分析;反省的另一层意义是,再一次经历当时的情绪波动,但脱离了"现场",那么情绪压力再一次释放的同时也会得到缓解。

总之,孩子的心理承受能力与大人不同,一些小事都可能引起他们的过激行为。在平时管教孩子时,要多注意他们的心理健康教育,并帮助孩子认识自己的情绪、管理自己的情绪,让其保持稳定的心境!

第3章
读懂孩子心理,别让孩子将顶撞的话说出口

任何父母,都希望自己的孩子把自己当朋友,都希望孩子向自己吐露心声,但事实上,我们看到的却是很多父母和孩子之间上演的口水战,一些孩子因为父母剥夺自己说话的权力而和父母争论。久而久之,一些孩子便不再愿意与父母沟通了。而聪明的父母懂得了解孩子心理,会引导孩子发表自己的意见,让孩子畅所欲言,孩子自然也就不会顶撞父母了。

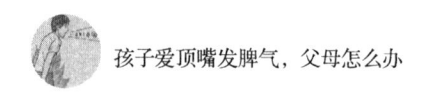

你越专制，孩子越喜欢顶嘴

涛涛的父母都是知识分子，从小他们对涛涛的管教就十分严格，他们谆谆教导儿子不许这样，不许那样。涛涛也一直是个很听话的乖孩子。

但自从上五年级以后，涛涛突然觉得父母的管教让他觉得很烦躁。

这天，因为上次考试中的失误，老师将他留了下来，给他分析问题，所以回家晚了些，到家的时候，妈妈问："去哪了，怎么现在才回家？"

涛涛没有理妈妈，准备回房间，谁知道妈妈继续追问："你这孩子怎么了，这么没礼貌！"

"我出去跟同学玩去了，行吗？"

"唉，你这孩子什么态度？怎么这么跟我说话……"还没等妈妈说完，涛涛已经重重地摔上了房门，留下妈妈独自站在那儿，她很疑惑："儿子到底怎么了？"

这里，涛涛为什么会顶撞妈妈？因为面对专制的父母，他一直很压抑，而同时因为考试成绩不理想他又被老师训斥了，所以面对妈妈的责问，怒从心中起，便爆发了。

事实上，生活中，我们每个人都需要自由。我们的孩子也是，他们都希望无拘无束地成长，如果我们束缚住孩子的手脚，让孩子不许做这个，不许做那个，对孩子的事大包大揽，那么，孩子会感到窒息，他的一些优良的个性心理品质也会被压抑。而随着孩子慢慢长大，他们的自主意识会越来越明显，对于无法呼吸的成长环境，他们一定会反抗，那么，亲子关系势必会变得紧张起来。所以，我们教育孩子时，一定不能太专制。

任何一个孩子，都希望得到父母的认可和尊重，希望父母承认自己已经长大，能够处理一些自己的事情，需要更多的空间，而更多时候，家长往往仍把他们当成未成年人，所以对他们仍十分专制，希望事事替孩子拿主意，孩子一旦发现，便会觉得自己被他们轻视、小看了。这往往会打击他们的积极性，使他们也对长辈产生半敌视心态。

为此，我们家长要做到：

1.认识到孩子"顶嘴"并不是一无是处

面对孩子"顶嘴"的现象，一些家长更是变本加厉，以为孩子"不听话"就是学坏的征兆，其实，他们不知道的是，顶嘴的孩子更有独立意识和主见，是有想法的孩子，并且，在西方家庭中是没有"顶嘴"一说的。他们和孩子间只有不同的观念、看法的碰撞，且善于容忍孩子哪怕是错误的观点和思想。美国心理学家利伯特有一项实验表明，反抗性强的孩子比较有主见，能独立分析和解决问题。

其实，在家庭中，孩子与父母就像是老鼠与猫的关系，孩子不敢表达自己的内心需求和愿望，即使知道父母不对，也不敢反驳，不敢顶嘴，对父母唯命是从，没有反抗性。这种环境下长大的孩子，依赖性强，自主性弱，个人意识差，懦弱胆怯，到了社会上习惯于逆来顺受、委曲求全，或凡事得过且过，什么事都抱着"算了算了"的心态，这种消极的人生观不利于现代健康人格的构建。

2. 不要压制孩子的想法

如果孩子的看法与大人不同，要允许孩子有自己的想法。父母应考虑到孩子的理解能力，举出适当的事例来支持自己的观点，并详细地分析双方的意见。父母不压制孩子的思想，尊重他的感觉，他们自然会敬重父母。

3. 支持孩子在小事上自己拿主意

家长可以支持孩子自己管理自己，并提醒他界限何在。当他做选择时，他觉得自己的确享有主导权，这一点会令他开心。

4. 在情况允许的情况下，让孩子自由支配时间

我们应该尊重孩子自己的选择，让他有一些自己独立支配的时间，如晚上空余时间，孩子是想睡觉还是看书等，我们不要干涉。

5. 父母也保持适当的权威

父母应将大人的权力保留在适当范围内，别将它过分延伸

到孩子身上。同时，也要让孩子尊重父母的权威。

我们的孩子从襁褓时期对父母完全的依赖，到发展自我意识、建立自信、试验探索，终于长大成一个独立的成人，这都需要主见的培养。作为父母，我们要想让孩子有主见，可以遇事问他的看法和想法，不管是学校的事还是家里发生的事，报纸上登的事，或者是路上看到的事，包括爱吃什么，爱穿什么，爱玩什么都要问他的意见，这样，孩子能感受到被尊重，那么，孩子不但学会了独立思考，还能拉近亲子间的关系，让孩子对我们敞开心扉。

孩子为什么喜欢说顶撞父母的"反话"

某心理医生遇到一位母亲，这位母亲苦恼地诉说，自己的女儿10岁了，过了这个暑假就念四年级了。可不知怎么回事，从这个暑假一开始，就感到女儿好像变了一个人，平时要么一个人闷在房间里上网、玩游戏，要么对家长不理不睬。更奇怪的是，前两天她和爱人想跟女儿好好沟通一下，谁知没说几句话，女儿就顶撞说："我就是不知好歹，不可理喻。"还用电脑打了几个字"请勿打扰"并贴在自己的房间门上，气得自己无话可说。

实际生活中，有不少孩子对父母的这种反抗情绪更严重，他们基本上不和父母沟通，父母说一句，他们就顶十句，总是喜欢说"反话"，而且，无论怎么样，他们总觉得自己是对的。而作为过来人的父母，自然更有"发言权"，于是，很多父母便为了更正孩子的观点而极力发表自己的观点，如果双方始终坚持自己的立场，便极容易产生一种对立的关系。其实，作为父母，如果能感受孩子的想法，你会发现，孩子的想法也有其一定的道理。

其实，作为父母要明白，我们的孩子正在逐渐长大，与婴幼儿时期不一样，他们现在已经有了一定的自我意识，不但不愿向父母吐露，还会埋怨父母不理解自己，如果父母处置不当，如对孩子的表现刨根问底，或是漠不关心，就会增强他们的反抗情绪。作为父母应放下架子，与孩子平等相处，当孩子的知心朋友，争取成为他们倾吐心事的对象和安慰者。

的确，所有的父母都"望子成龙、望女成凤"，甚至有些家长认为自己年少时没多少读书的机会，他们就把自己未实现的愿望强加到孩子的身上，于是，孩子一放学，他们便告诉孩子："快去做作业！"当孩子做完作业，他们又会督促孩子："练习做完了吗？"可能在孩子还小的时候，他们会听你的话，但孩子一旦进入学校进行学习，他们的学习压力加大，在学校，他们已经被压得喘不过气来，回到家中，还没有放松的时间，孩子自然会对你的教导产生逆反情绪！

那么，对此，我们家长应该怎么做呢？教育心理学家给出以下建议：

1. 尊重孩子，给孩子说话的机会

家长要把孩子看作一个独立人，他们有权发表自己的意见，父母不必过多地限制，家庭生活中出现的一些问题，要让他们去尝试，自己去判断、思索、体验。当然，尊重孩子的人格和自我意识并不等于放任孩子。在他们成年之前，父母可以引导他们，帮助他们辨别是非，培养他们独立思考的能力，学会选择自己的人生目标。

2. 学会满足孩子合理的心理需要

每个父母都希望自己的孩子听话、不与自己对抗，但是，许多孩子却表现得不尽如人意。究其原因，大多是由于后天的某种需要引起的，如为了满足吃的、玩的需要甚至是为了逃避受批评、受惩罚等。

所以，父母可以从孩子发表的意见中分析到孩子的需要，尽量满足其合理的部分。而满足孩子的时候应该用孩子的眼光来看待事物。要分析孩子的需要，认真倾听孩子的心里话，而不要以成人的想法推测孩子的心理。当孩子向父母讲述了他的需要后，父母应该跟孩子一起分析，让孩子明白哪些是合理的、正确的，然后及时满足孩子合理的需要；对于不合理的需要，则要对孩子讲明道理。千万不要觉得孩子还小，或者觉得事情无关紧要就放纵他们。长此以往，孩子就会不断地强化不良行为，形成不良的品格，最终影响到他的人生。

现实生活中，很多父母看似为孩子包办一切，一切是为了孩子好，但听见自己的孩子提出一些自己的想法时，却不分青红皂白就加以苛责、训斥，甚至打孩子，这无疑是对孩子精神上的打压，长期在父母的这种态度下生存的孩子又怎敢发表自己对于家庭建设的一些意见呢？因此，父母要做教育中的有心人，为孩子创造愉悦的发表意见的氛围，以感染孩子的心灵，尽管孩子年龄小，但他同样能体会到家长对他的尊重和信任，也就能自信地成长！

蹲下来看孩子，走进孩子的世界

我们先来看看下面这位妈妈是怎么教育孩子的：

周日这天，妈妈带着多多去商场买学习用具，多多看上了一套玩具小汽车，非要买，妈妈说该回家做饭了。多多就赖着不走，非要妈妈买给他。这时候，妈妈蹲下来，对多多说："我的乖儿子，妈妈知道你很喜欢这个小汽车，但你发现没，你已经有十几个这样的玩具了。你看，妈妈每天都要辛苦地工作，才能挣钱给你买玩具。多多是不是应该体谅一下妈妈呀？"妈妈说完后，多多还是撅着嘴。妈妈一看多多这样的表现，就继续说："要不，等下周妈妈发了工资再给你买，好不好？"听到妈妈这样说，多多高兴地答应了。

第二周的一天，妈妈下班后对多多说："妈妈今天带你去商场买那套汽车好不好？"但多多却对妈妈说："妈妈，我以后要做你的乖宝宝，再也不乱买玩具了。"听到多多这样说，妈妈欣慰地笑了。

这个故事中，多多妈妈的教育方法值得很多父母借鉴，当我们与孩子沟通的时候，如果能蹲下来与孩子说话，能让感受到来自于我们的尊重，自然能接受我们的教育，进而扼制住坏脾气，相反，如果我们大声训斥孩子，则会让孩子产生逆反情绪，甚至与我们对着干。

这里，就涉及一个教育理念："蹲下来看孩子"，那么，什么是蹲下来看孩子呢？

有这样一个故事：

从前，在一个王子，他得了一种怪病，他认为自己是公鸡。别人与他讲话他就学鸡叫。这事愁坏了国王，他差人四处寻找名医，但都没有效果，后来，民间来了一个人，说自己能治好王子的病。

他看到王子后，没有给他检查身体，而是和王子一样，也钻到桌子底下，很快，二人便熟稔了。在一起玩、吃、住。慢慢两个人感情深了。突然有一天，这个人说，我要变成人了，王子说，我也要变成人了。

这个寓言故事很好地阐述了"蹲下来看孩子"的教育理念，也就是说，蹲下来，你才能看到和孩子眼睛里一样的世

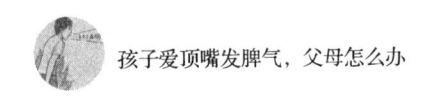

界，就更容易理解孩子看到了什么，在想些什么。只有这样，才可以实现有效的沟通。

生活中，有这样一些家长，他们一遇到孩子犯错误，就大声责骂孩子，然而，孩子反对的声音比他更大，最终，双方的情绪都很激动，亲子之间的关系很紧张。

那么，我们该如何将"蹲下来"看孩子的理念运用到家庭教育中呢？

对此，我们需要注意以下几点：

1. 了解孩子身心发展的过程和特点

孩子在成长的过程中很容易出现各种问题，包括变得孤僻，对此，家长不必焦虑，而应该调整心态，以平常心对待，否则会影响亲子关系。

2. 改变以往的教养方式

我们不再以对待小孩子的方式对待正在向成人转化的孩子，对孩子要有尊重的意识，孩子是一个独立的个体，不能以自己的想法代替孩子的想法，要学会倾听孩子的心声，而不是一味地管教。这样才能化解孩子的对立情绪，使他愿意把心里话说出来。

3. 注意你的语气和表达

孩子犯了错，家长必须要批评，但我们需要考虑到孩子的接受能力。为此，在批评时运用恰当的语气和措辞就显得尤为重要，比如，我们可以这样对孩子说："你是个很听话的孩子，也是妈妈的乖宝贝，但是你知道吗，你如果能改掉一些不好的行为就更好了。"这种口吻听起来会比较委婉，孩子也相对容易接受。

4.明确地告诉孩子能做什么，不能做什么

比如，当你带孩子去亲戚家做客的时候，你要告诉他，不能随便动人家的东西，并告诉他，这是不好的行为习惯。

5.批评孩子也不要伤害孩子的自尊心

孩子的内心是脆弱的，他们在某些行为习惯上有不对的地方时，我们应该主动指出来，但一定要照顾到孩子的心情。比如，当他吃饭前不洗手时，你可以这样指出来："你知道吗？吃饭前不洗手是一件很不卫生的事，会滋生很多细菌。"这种十分轻柔的声音，会让孩子接受你的建议。而相反，假如你说："你看你那脏兮兮的手，真恶心。"孩子会怎么想呢？

日常生活中，我们在教育、批评孩子时，要用比平时更低的音调。因为降低音调能体现出对孩子的尊重、保护。反过来，若大声训斥，会让孩子产生一种心理错觉，他会认为你不爱他。总之，家长要想使孩子接纳你的意见，就要学会克制情绪，把沟通的音调降低。

6.尝试与孩子建立起"朋友"的新型关系

随着孩子年龄的增长，他们会产生一系列独立自主的表现：他们要求和成人建立一种不同以往的朋友式的新型关系，迫切要求老师和家长尊重和理解自己，如果家长和老师还把他们作为"小孩"而加以监护、奖惩,无视他们的兴趣、爱好,他们就可能以相应的方式表示抱怨,甚至产生抗拒的心理。一般来说,孩子上学以后,就开始疏远父母而更乐于和同龄人交往,寻找志趣相投的伙伴。他们的交往范围也不断扩大,先在班级中而后可能发展到班外甚至校外。

因此,我们家长不要再把他们当作"小孩子"来对待,要放手让他们独立处理一些事情,尊重他们的意见,信任他们,主动和孩子商量家中的一些事情,满足他们的正当要求。这样,他们便会以朋友的身份与你沟通了!

再忙也别忽略对孩子的关注

艳艳是个可爱的女孩,现在的她已经10岁了,谁初次见到她,都会忍不住和她多说几句话,但没人知道,艳艳和父母的关系并不好。

其实,艳艳很可怜,她刚出生后,父母就离婚了,爸爸把她交给保姆带,而这个保姆除了定时给艳艳做饭外,不怎么和艳艳说话。

一个周末,爸爸带了几个同事还有他们的孩子来家里做客,艳艳也不理他们,过了会儿,其中一个小朋友想玩艳艳的芭比娃娃,但谁知道艳艳就是不给,爸爸告诉她要跟别人分享，结果艳艳说："要你管我，平时看不到人影，你没资格教训我。"

当着这么多同事的面，艳艳爸爸竟然无言以对。

从心理学的角度来分析，艳艳之所以会顶撞她的爸爸，而且让爸爸无力应付，其实就是因为艳艳爸爸在平时忽略了对孩子的关注，让孩子产生了对抗情绪。

我们不得不承认，孩子在成长的过程中，总是会遇到这样那样的问题，这需要父母进行引导，对孩子脆弱的心灵进行呵护，而一些父母因为忙碌的工作而忽视了与孩子的沟通，他们认为，教育孩子，只要让他们努力学习即可。实际上，学习知识只是对孩子教育的一个方面而已，家庭教育的一个重要职责是让孩子拥有健康的心理素质和独立完善的人格，否则，孩子永远无法独立于世。

所以，作为父母，要关注孩子，要时刻观察孩子的行为动态和心理变化，关注他们的身心健康，让孩子感受到来自父母的爱，一旦发现他们出现了心理问题的苗头，就要及时做好指路人，帮孩子疏导心理问题，以防问题积压，酿成大错。

作为家长，要这样做：

1. 为孩子营造和谐的家庭环境，让孩子愿意与父母沟通

父母、家庭成员之间相亲相爱、关系和谐，这是融化孩子所有问题的前提，事实上，在这样的环境下成长的孩子出现心理问题的概率更小。对此，专家建议，家长应为孩子提供一个

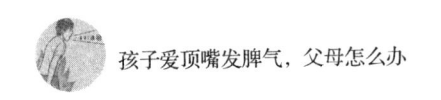

安定、和谐、温馨的家庭氛围，要让孩子那颗纷乱的心安定下来，这样孩子才会愿意与父母沟通，也才愿意敞开心扉接纳来自父母的帮助。

2. 随时观察孩子的情绪和心理变化

作为父母，在生活中，不要只关心孩子的学习成绩、名次，也要关心他们的情绪变化，如孩子在学校有没有受到什么委屈，学习上是不是有挫败感，最近跟哪些人打交道等，当然，了解这些问题，我们要通过正面与孩子沟通的方法，不要命令孩子告知，也不可窥探，只有让孩子真正感受到来自父母的关心，孩子才愿意向你倾诉想法。

事实上，我们的孩子都是脆弱的、敏感的、容易受伤的，当孩子出现不良情绪时，你要让孩子尽情宣泄，让他去哭个涕泪滂沱，而不是劝孩子"别哭别哭""男孩子不能哭"。告诉孩子："我知道你很难过。"或者什么都别说也好，给孩子独处的空间和时间去消化自己的情绪。

3. 压力是百病之源，帮孩子卸下心理压力

曾经有这样一则调查报告，报告称：在被访的学生中，有35%的学生称"做中学生很累"，有34%的学生表示有时"因功课太多而忍不住想哭"，对于孩子遇到的高强度的学习压力，不少父母给予的并不是理解，而是继续施压，让很多父母恐慌的是，在被调查的学生中，竟然还有1/5的学生有过"不想学习想自杀"的念头。

总之，父母要明白，家庭教育对孩子极为重要，无论多忙，都要重视与孩子的沟通，而在平时也要注意观察孩子的情绪、心理情况。如果发现孩子出现情绪、心理问题时，首先要做的就是从自己的角度去找原因，然后与孩子进行沟通，帮助孩子找到适合自己的方法、科学地教育和引导孩子。

父母别动不动就生气，巧妙引导更有效

在不少家庭中，可能有这样的对话：

你说："天冷了，穿件外套吧。"

孩子说："用不着，我不冷。"

你说："我刚听过天气预报，还能有错吗？"

孩子说："我这么大了，连冷热都不知道吗？"

你说："你怎么越大越不听话，还不如小的时候呢？"

孩子说："你以为我傻呀，真的。以后你少管闲事。"

这样的场景，或许很多家长都遇到过。我们会发现，孩子好像越来越难管，你说一句，他顶十句，明明是为他好，但孩子就是不听，好像总是故意和自己作对似的，总和自己唱反调，面对这种情况，不少父母气急败坏，严加训斥孩子，最后家长与孩子你一言我一语地抵抗起来，导致亲子关系很紧张。

其实，在孩子有对抗情绪的时候，家长首先要反思，也

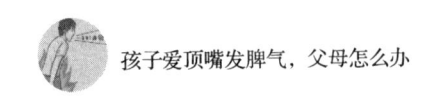

许是自己正在挑起这种情绪，或者孩子对自己的什么做法有意见，然后有针对性地找办法解决。

任何一位家长，都希望自己的孩子能健康、快乐地成长，而孩子顶撞父母，是孩子对抗情绪的体现，也是孩子生活、学习的最大杀手。同时，它也打扰了正常的家庭生活秩序，有些孩子甚至一味地反抗家长而走向了违法犯罪的道路，因此，在这个过程中，家长的疏导就显得尤为重要。

为此，我们要做到以下几点：

1.家长先冷静下来，对孩子的行为不必大惊小怪

我们首先要做的是了解孩子身心的变化，然后我们便能理解孩子的这些变化其实都不是什么大问题，在此基础上，我们就能坦然接受孩子的变化，并能转换角度，从孩子的立场看问题。

其实，任何孩子的成长过程中，都会出现一些小问题，作为父母，如果你总是剑拔弩张的话，孩子又怎么能心平气和呢？

2.了解孩子为什么对抗

其实，孩子产生情绪是有原因的：

第一，孩子的身体在急速成长，这也给他们的心理造成了一些冲击，他们往往会对此感到不知所措，因此，他们便会产生浮躁心理与对抗情绪。

第二，除了身体上的发育外，他们也希望能够独立，希望周围的人把自己看成个成年人，因此在面对问题时他们常常呈

现一种幼稚的独立性，并未成熟的他们会处在反抗期内。

第三，自我意识开始萌芽，社会上各种新奇事物的冲击也让孩子们对很多东西产生兴趣，他们便通过表现个性、追逐时尚等方式来满足自己的好奇心。

另外，很多其他因素，如社会和家庭教育的一些不足，也成为孩子对抗父母的源头。此外，孩年如今面临的各种压力，如就业压力、学习压力以及生活中的无聊情绪等，也是对抗心理产生的"沃土"。

很多家长一看到孩子出现与以往不同的举动，就认为这是逆反行为，担心自己的让步会引发孩子的越轨，然而，对孩子的每个小细节都横加指责会使较小的争吵升级为全面战争。因为，孩子最厌恶的就是父母对自己管得太多、干涉太多。

3. 根据具体问题，有的放矢，对症下药

我们知道，每个孩子顶嘴、对抗父母的原因和表现都是不同的，如果女儿只是尝试穿妈妈的高跟鞋，用妈妈的化妆品，或者儿子换了一种新潮的发型，父母完全可以把这种现象当作普通的爱美之心。比如，可以告诉孩子："妈妈知道你是想保持身材，这是好事情，显得漂亮是你的权利。但是最好穿厚些，如果感冒了，会影响课程，那样会很受罪和心急，那时候你还会有心情欣赏自己的体形吗？"

如果孩子事事和父母作对，拒绝接受父母的任何意见，就需要第三方的介入，让孩子信任的长辈与他好好沟通；或者寻

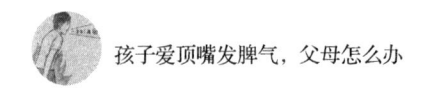

求心理医生的帮助，进行家庭干预或家庭治疗。

在出现比较激烈的对抗情绪时，学会心平气和地去开导他们，也可以适当地请教心理专家，用理解的心态逐步解决问题。

4. 与孩子交流忌从学习成绩入题

同孩子交流，家长不要老从学习成绩入题，这样只会让孩子有压力，怀疑家长交流的动机。交流时，家长可以从家事入手，将孩子的情绪稳定下来后，再谈正事。

5. 孩子的对抗情绪其实可以预防

为了不让孩子出现对抗情绪，父母需要从小就和孩子建立良好的亲子关系，积极和孩子进行沟通。在和孩子沟通时，最好以朋友的方式，将孩子当作一个独立的个体尊重。

总之，孩子的成长需要家长多些关心，但更要我们保持平静心态，了解孩子成长的发展规律，帮助孩子解决实际问题。

第4章
倾听孩子的心声，化解孩子的负面情绪

人际交往中，我们都知道倾听的重要性，其实，亲子之间沟通也是如此。很多时候，孩子有情绪甚至是发脾气、对抗父母等，其实都有一定的心理原因，这需要我们放下手中的事，多鼓励孩子诉说，专心倾听孩子说什么、说话的语气声调，同时以简短的语句反馈给孩子。这样才有可能经常倾听到孩子的心灵之音，使孩子将负面情绪倾吐出来，在你的爱中不断健康地成长！

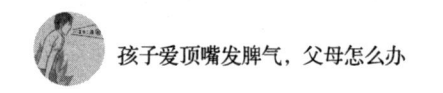

停下手中事，听听孩子想说什么

王女士的女儿4岁了，一天，小家伙坐在沙发上嘟囔着嘴，使劲儿地捏平时玩的布偶，外婆在厨房忙着做饭，王女士从外面回来就直接进了厨房，看看晚上吃什么。

外婆说："你去看看你姑娘怎么了，一直在生气呢。"

王女士好像没听见似的，在厨房拿起碗筷就去餐厅摆起来，外婆关了油烟机，也从厨房出来，对女儿说："做妈妈的，就是再忙，也不要忽视孩子的想法。"

王女士顿时明白了，于是，她停下手中的事，走到女儿身边，牵着她的手问："宝宝,你怎么了啊？"

女儿看着妈妈说："隔壁小胖今天欺负我，他抢了我手上的棉花糖，我想拿回来，但他不给。"女儿说完，豆大的泪水从眼睛里掉下来。

这时，王女士过去抱住女儿，对她说："我的乖女儿，妈妈知道你受了委屈，这件事是小胖不对，但是我们不能生闷气呀，这样不漂亮哟，对吗？下次小胖要是再这样，我们就告诉他，他这样做令你很生气，好吗？"

听到妈妈这么说，女儿破涕为笑，擦了擦眼睛说："妈妈，我饿了。"

这里，王女士的教育方法值得我们学习，在孩子外婆的建议下，她停下手中的事，鼓励孩子说出自己的想法，这样便帮助孩子疏解了心中的坏情绪。

而在现实生活中，不少家长为孩子不和自己说心里话而感到很苦闷。一方面他们很想帮助自己的孩子，另一方面孩子根本不和你说心里话。你不了解孩子，又怎么能让孩子对你敞开心扉呢？是不是我们的孩子天生就不爱和父母说心里话呢？恐怕也不是。一般孩子不愿和父母说心里话大多数是父母的原因。

有些孩子渴望与家长沟通，但家长却以"忙""没时间"等为理由拒绝，甚至被家长压制、呵斥，所以，他们想倾诉的愿望并没有得到家长的理解和尊重，甚至一些孩子每次与家长谈心里话都会受到不同程度的伤害，慢慢地就与家长疏远了。

有一位上五年级的女孩子，学习成绩优异，人缘也很好。有一天她收到同学的一封求爱信，心里很惊慌，于是，她就把信交给了妈妈，本想从父母处求得解决的方法，没想到妈妈却用"苍蝇不叮无缝的蛋"对她恶语相伤。从此之后，孩子再也不和家长讲心里话了。

家长此时不该是轻易地责备孩子，而要理解孩子，然后给予她需要的帮助。孩子虽然不希望家长管束，却也不是完全地独立，很多时候，他们希望父母能帮助自己，而有些父母的态度却让他们退却了。

有这样一个孩子，他在画纸上沙沙地画着，画作结束后，妈妈看到的是漆黑一团的画纸，便好奇地问："宝贝，画上画的是什么？"他说："妈妈，我画了很多花，还有很多在旁边飞舞的蝴蝶，它们飞呀飞呀，最后飞累了天也黑了，就变成了漆黑一团。"

很多父母遇到这种情况时，也许还没来得及好好听孩子说话，就给孩子当头一棒，这样做，孩子会觉得十分委屈和茫然，在他看来，他的画如此美丽，他也用了很多心思去画，却被父母说得一文不值，那更严重的是他怎么还会有画画的兴趣呢，他以后还怎么敢去大胆地想象？

当孩子想做或不想做某件事时，家长不要马上教育他，可以停下手中的活儿，先听听孩子想说什么。在倾听时，家长要和孩子有目光交流，有点头、微笑等肢体语言的反馈，但不要随意打断他，让孩子觉得你在用心听他说话，他就愿意继续往下说，而且说得清楚。这也是对孩子表达感受和需求的一种鼓励。

总之，如果你的孩子有倾诉的愿望，想要跟你说话，最好停下手头的事听听他想说什么。他也需要知道你的想法、感觉、欲望和意见，从而获得安全感和父母的理解与帮助。

多听少说，别总是发号施令

这天，某教育咨询室内，来了一位母亲，她这样陈述自己的教育苦恼："当了十几年的妈妈，我第一次发现，教育孩子这么难，我家小子现在也不知道是怎么了，以前很听话的，但是现在觉得他好像很讨厌我，无论我说什么，他都听不进去，总是左耳朵进右耳朵出，于是，我们的办法就是大声地吼他来提高他的听进率。不过，事后又总觉得这样不好，怕给他留下什么阴影。我该怎样办才好呢？"

对于这位女士遇到的问题，教育专家给出的建议是：最好不要吼孩子，这样不仅无济于事，而且被压制的孩子可能会爆发出来，进而反抗父母，对父母发脾气、顶撞父母等，事实上，据调查，74%的孩子希望妈妈不唠叨。通常来说，在父母中间，一般母亲在孩子的衣食住行方面倾注的心血更多，但随着孩子逐渐长大，他们便把这种关心当成唠叨，甚至对母亲的话充耳不闻。这是为什么呢？

不知道你是否发现，随着孩子逐渐长大，他们的独立意识开始萌芽，虽然不如青春期的孩子有强烈的独立愿望，但他们也不愿意再像"小孩子"一样听从家长和老师的话，他们希望获得像"大人"一样的权利，因此经常固执地与父母顶撞。不愿与父母沟通交流，对父母的教导表示厌烦，这些都是正常现象。而很多父母和案例中的这位女士一样，孩子不听话就加大

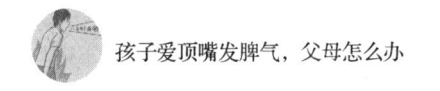

唠叨的强度和数量。但这样真的有效吗？答案当然是否定的。

孩子发脾气、顶撞父母；家长讲话太口啰唆，孩子烦；家长太专制，孩子被压抑；或是孩子做错事，害怕被大人责怪等。

不管是哪种情况，家长都要注意以下几个方面：

1. 多听少说，了解孩子内心的真实感受

有时候，我们的出发点有利于孩子，却使用了错误的灌输式教育方式。我们可能没有意识到，自己平时对孩子的要求常常置之不理，也忽视了孩子的内心感受，这会使孩子感到沮丧、感到不被尊重。如果我们能加以改正，多听少说，孩子就不会拒听大人的"命令"。

为此，每次我们在向孩子"发号施令"的时候，不妨先思考以下几点：

很多时候父母唠叨是为了满足自己的情绪需求，要尽可能地关照孩子的需求；

不要在孩子面前表现自己的无奈；

教育孩子不要追求道理，要追求效果。一定要按时起床，学习一定要有效率，这样有效果吗？一定要思考，怎样说才能见效。

2. 避免喋喋不休

调查资料显示，当父母在孩子面前喋喋不休，把自己真正要讲的意思和许许多多"废话"，如抱怨、絮叨或责备都夹杂在一起，或是把要对孩子说的几件事和几个要求都混在一起跟他说个没完时，反而会适得其反。

3. 不必大声说话

大喊大叫地对孩子发布命令，这是最不明智的做法。因为，虽然此时孩子的注意力都在父母身上，但他关注的只是父母脸上的愤怒表情，而不是父母所说的话。事实上，父母越是温柔和轻声地说话，孩子越是容易关注父母所说的话。

4. 多给孩子一些决策空间

如果他不是襁褓中的孩子，也不是牙牙学语的婴幼儿，那你的孩子就有独立决策的能力了，为此，你不妨做出以下一些教育方式的改变：

（1）尽量让孩子自己做决策。有些情况下，甚至可以为孩子制造些自主决策的机会，而你要做的，并不是替孩子成长，而是站在他的身边默默支持他，帮助他。

（2）给孩子一定的势力范围，让他自己经营。他的房间归他管，你只有建议权，而他有决定权。

（3）等孩子向你伸手、希望获得你的帮助的时候再出手。

（4）不要害怕孩子受挫折，这是一个必需的过程。

作为家长的我们，如果能了解孩子的心理，并能做到以上几点，相信一定能走进孩子的内心世界，他们自然也不会对我们的话采取"置若罔闻"或者"随便敷衍"的态度！

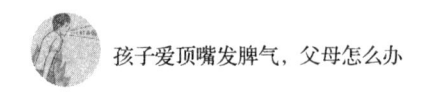

放下父母的架子,认真聆听孩子的心声

刘斌是一所中学某班的班主任,他关心班上的每个学生,而并没有把眼光只放在那些学习成绩优异的学生身上。从初一开学到现在,已经有半个学期了,他发现班上有个孩子,似乎感觉总是不对劲,放学后,他宁愿在学校四处游荡也不愿意回家。于是,刘斌老师决定做一次家访。原来,所有的问题都出在孩子的爸爸身上。

"我爸一回家,我就进卧室,吃饭做作业我都待在自己的房间里,早上等他上班了我再上学,一天下来基本上可以不说话。"孩子这样形容自己和爸爸的生活,他们之间"相敬如宾"、互不干扰对方。

"跟他们说话很累,根本就说不到一块去。"他说,每次和爸爸说话,都是三句话不到就开始"热闹"了。

"其实我们俩父子哪有什么深仇大恨,我说他也是为了他好,但孩子却把我当成仇人、陌路人。"孩子爸爸这样对班主任老师说。他是个退伍军人,大男子主义比较重,说话常有口无心又好面子,不愿意向孩子低头;而孩子年纪小比较容易激动,又认死理,所以父子两人关系越闹越僵。上了初中后,孩子已经习惯了对父亲那套"我是家长,我说什么你得听着"的理论保持沉默。"像现在这样大家互不干涉也挺好,没有吵架也安静多了。"在这个孩子看来,这种陌生人般的父子关系似乎也不赖。

上例中爸爸和儿子之间问题的症结是缺少沟通，而其中一个重要的沟通障碍就是他放不下做父母的架子，与孩子之间形成了一种对抗，久而久之，孩子就宁愿与他以陌生人的关系相处。

但现实生活中，这样的家长又有多少呢？随着现代社会生活步伐的提速、竞争压力的加大，家长为了能给孩子一个优越的生活环境，常常由于工作忙碌而忽视了与孩子沟通，陪孩子一起成长。父母是孩子的第一任老师，也是孩子接触时间最长的朋友，在孩子成长的过程中，最需要的就是父母的关心，最愿意与之交流的也是父母，尤其是在孩子进入青春期以后，这种交流应该更为需要，因为这期间，孩子的自我意识加强，渴望脱离父母的束缚，如果缺少父母的理解，那么，亲子关系就会越发紧张，甚至对孩子的成长还会产生不利影响。

可能不少父母都认为，与孩子沟通，只有在孩子面前树立威信，才能让孩子信服，于是，他们在说话时尽量提高音调，以为孩子会听自己的话。但结果却常常事与愿违。其实，假如我们能用心地与孩子沟通，多听听他的心声，让孩子感受到我们对他的尊重，亲子关系也许会好很多。

那么，我们需要怎样倾听孩子的心声呢？

1.再忙也要听他说

其实，每一个孩子都希望得到父母的理解，因此，从现在起，每天哪怕是抽出2小时、1小时，甚至是30分钟都好，做孩子的听众和朋友，倾听他心中的想法，忧其所忧，乐其所乐，当孩子有安全感或信任感时，就会向其信任的成年人诉说心里的秘密。这样，才有可能经常倾听到孩子的心灵之音，你的孩子才会在你的爱中不断健康地成长！

2. 耐心听完孩子的叙述，不要急着打断他

生活中，一些孩子说："每次，我想跟爸妈谈谈心，刚开始还能好好说话，可是爸妈似乎都是以教训的口气跟我说话，我还没说完，他们就开始以父母的身份来教育我了，我真受不了。"其实，这些家长就是不懂得如何倾听，倾听的首要前提就是要有耐心，让孩子把话说完，再提出解决的方法，这样才会让孩子感受到尊重，也才能达到双向交流的效果。

3. 不要急着否定他，给他更多解释的机会

作为大人，很多时候，会认为孩子的想法是不对的，甚至是不符合常规的，抱着这样的心态，在倾听孩子说话的时候，会有一种先入为主的想法，会把孩子的话摆在一个"幼稚可笑"的立场，孩子自然得不到理解。其实孩子也是人，也有一颗丰富的心灵，我们要特别注意倾听他们的心声。

不得不说，任何父母都望子成龙，但在教育孩子的问题上，一些父母显得过于焦躁，孩子一旦出现问题，就乱了方寸，以为大声呵斥就能让孩子听话，而这些父母是否想过：你们要求孩子听话和了解你们的意思，但你们有没有了解过孩子

的想法？沟通，要求父母主动将自己的内心世界向孩子表达，同时多倾听孩子的心声。这样，才能了解孩子心中的所思所想，而后"对症下药"给予适当的引导，孩子才能健康成长。

倾听时，要认同并接纳孩子的情绪

一天，欧太太正上着班，被儿子老师的一个电话叫到学校，原来是儿子在学校闯祸了。匆匆忙忙赶到学校，欧太太也没搞清楚到底是什么情况，只得把孩子带回家。

晚上，欧太太问儿子："我的儿子，你怎么了？能告诉妈妈吗？我向你保证，绝不告诉别人。"

儿子支支吾吾地说："妈妈，你知道，我的同桌是个女生，她成绩很好，我有些不懂的问题会请教她，但是那些男生就起哄说我们谈恋爱，其实说我都没有关系，但是杨阳是个女孩子，所以我揍了他们，叫他们不要乱说。"

欧太太听完，若有所思地对儿子说："儿子，妈妈知道你很愤怒，作为一个男子汉，保护女孩子是应该的，妈妈理解你，那些男生，我想也没有什么恶意，他们就是觉得好玩才起哄的，清者自清，不是吗？"

"我知道，今天确实是我冲动了点。"

"嗯，真正的好男人，也是绅士，不会跟人大打出手，你说呢？以后有什么事，你可以跟妈妈说，妈妈毕竟是过来人，可能会给你点建议，好了，我的乖儿子，忘掉今天的不愉快吧。"

"嗯，谢谢你，妈妈。"

这里，欧太太与孩子沟通的方法值得我们学习，孩子在学校打架，她并没有劈头盖脸责备他，而是等回家后，慢慢引导，让孩子说出原因，了解孩子的情绪，并告诉孩子正确的发泄情绪的方法。

的确，我们与孩子沟通，在倾听后，就要对孩子的情绪表达认同，这样，才能让孩子感到被理解，才有继续沟通的愿望。为此，儿童心理学家建议：

1. 接纳孩子的情感

面对孩子的坏情绪，首先不能言辞激烈地去指责他、批评他，而应该耐心听他描述这种感觉。因为，这时孩子最需要有人聆听他的倾诉并能理解和体谅他。孩子的坏情绪随时会冒出来，作为父母，不可能去消灭它，但可以通过接纳和理解他，然后运用智慧，让这种情绪转化为激发潜能的动力。

2. 教孩子学会表达自己的感觉

在日常生活中，父母可以多和孩子聊天，或适时问孩子："你现在是什么感觉啊？""你喜不喜欢？""什么事情让你这么生气？"对于年龄较小的孩子，还可以通过讲故事、编故事、角色扮演等游戏教给孩子疏导情绪的方法。有时还可以通过交换日记、写纸条的方式说说高兴和不高兴的事。如此一来，孩子也就逐渐学会如何用"讲道理"的方式表达自己的心情了。

3. 为孩子进行情绪疏导

这也是我们倾听孩子的主要目的——教会孩子适当宣泄不良情绪。

人的情绪并没有好坏之分，但消极负面的情绪确实影响孩子的成长，我们引导孩子诉说心中的烦恼后，可以告诉他一些宣泄不良情绪的方法，这一点，我们前面有所介绍，如运动法、哭泣法等。另外，在愤怒的时候，适当的宣泄是必要的，不一定要采取大发脾气的方法，也可以采用其他一些较好的方法。

当然，让孩子发泄自己的情绪，并不意味着家长可以忽视孩子那些不正确的行为。过激情绪，甚至消极情绪都是生活中很平常的，但是伤害和破坏性的行为是绝对不被允许和容忍的。

总的来说，我们家长在倾听孩子的时候，一定要接受孩子的多面性情绪，引导孩子把消极情绪转化为积极情绪，唯有正视情绪表达的所有面貌，健康的情绪发展才有可能实现，唯有能够驾驭自己情绪的孩子，才能够成为有自我控制力的孩子！

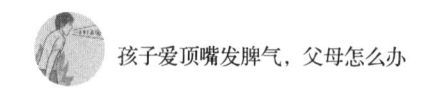

倾听后要反馈，让孩子感受到被认同和理解

妞妞出生在书香门第，从小受家庭氛围的熏陶，知书达礼，乖巧伶俐。父母视她为掌上明珠，百般呵护。但妞妞的家教很严，爸爸妈妈经常搬出"女儿经"，谆谆教导女儿不许这样，不许那样。所以妞妞一直是个很听话的乖女孩。

进入小学以后，随着学习和生活环境的变化，父母的管教让她觉得很烦躁，她甚至觉得家就像个牢笼一样，她害怕回家。

一次，她跟自己的同学聊天，同学告诉她，可以尝试着跟父母沟通一下，总是这么被管着也不是个事儿，听到同学的建议后，这天晚上，妞妞鼓起勇气对爸爸说："爸爸，我觉得你和妈妈管我管得太严了，以后晚上写完作业我能不能看半个小时的电视？"

爸爸一边玩手机，一边应着："啊，你说什么？快去写作业，写完睡觉。"

妞妞一听，说话的信心被完全打断了，然后径直回屋了，晚上，她捂着被子哭了。

第二天晚上，天都黑了，妞妞爸妈发现女儿还没回家，问了所有同学都没有妞妞的消息，他们只好自己找，结果却发现妞妞一个人坐在学校的操场上发呆。他们纳闷了：女儿到底是怎么了？

这里，妞妞为什么不想回家？因为对于她来说家就是束缚。

事实上，生活中，我们每个人都需要自由。其实，我们的孩子也是一样，如果我们束缚住孩子的手脚，让孩子不许做这个，不许做那个，对孩子的事大包大揽，那么，孩子会感到窒息，他的一些优良的个性心理品质也会被压抑。而随着孩子慢慢长大，当孩子进入学校，独立意识开始萌芽，对于无法呼吸的成长环境，他们一定会反抗。案例中的妞妞选择主动找父母沟通，但父母根本不重视，没有认真倾听，孩子在倾诉完以后，父母也没有表达理解与认同，而是一味地打压孩子的想法，这样的情况下，亲子关系势必会变得紧张起来。所以才导致妞妞放学不愿意回家。

我们发现，那些善于倾听的父母，都是孩子的朋友，对于孩子的心声，他们不但认真倾听，而且能给予反馈、耐心引导，给予孩子最好的建议。

家长与孩子交流时，要坚持一个双向原则，让孩子有话能说。比如，在倾听的时候，无论孩子的观点是否正确，都应该给予赞赏，然后再批评指正，这样可以鼓励孩子更大胆、更深入地交流。同时，作为家长，更要有话会说，同样的道理，采用命令的口吻和用道理演示达到的效果是不一样的，很明显，后者的效果会更好。如果能用通俗易懂的话说明一个深刻的道理，用简明扼要的话揭示一个复杂的现象，用热情洋溢的话激

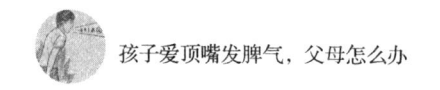

发一种向上的精神，孩子自然会潜移默化，受到感染，明白父母的苦心。

总之，我们一定要丢弃要求孩子"这么做，那么做"的固有观念，同时也要丢弃把孩子赶向特定方向的强迫观念。尤其是在孩子遇到困难或遭受挫折时，我们更应适时地拿起激励和表扬的武器，减少孩子遇到困难时的畏惧心理和失败后的灰心，增强他们成功的信念，而不是训斥和责备，然后，再和孩子一起讨论确定克服困难或弥补过失的途径和办法。你对孩子的理解和尊重，必然有利于问题的真正解决，有利于两代人之间的沟通！

讲讲自己的心里话，让孩子理解父母的苦心

在学校组织的家长交流心得会上，一些家长纷纷向一位母亲请教教育方法，因为她的女儿彤彤是个成绩优异而且很乖巧的孩子。

大家七嘴八舌地说起来，其中一位母亲问："你说，我们大人这么辛苦，还不都是为了孩子，为什么孩子们似乎都不理解呢？有什么心事也不跟我们说，长大了，我们也管不了，哎……"

"其实吧，孩子是渴望交流的，往往是我们家长把自己摆

在了长者的位置不肯下来，孩子无法感受到平等，自然也就不愿意与我们交流了。"彤彤妈妈说。

"那怎么才能让孩子开口呢？"

"要想让孩子开口，家长首先要反思自己愿不愿意向孩子开口，因为沟通是双向的，我们也可以向孩子坦白自己的想法。其实，像我们这样的中年人，上有老下有小，压力大得很，而且，我们工作了一天，真的很累，有时就不想说话。甚至工作中免不了受一些闲气，心里很窝火，脸色不自觉地就有些难看。但我现在总在进门之前提醒自己：调整好心态，当孩子开门迎接你的时候，给她一个笑脸。等自己心情好点的时候，我们晚上会坐在一起，我主动开口，说自己在单位的那些事儿，彤彤一般都能理解我的感受，她有时还会安慰我。只有先主动倾诉，才会让孩子觉得你容易亲近，才会愿意向你倾诉，如果你冷落孩子，根本不理他，他就会到外面去找能安慰他的人。为什么有的小孩子会结交不良少年，会早恋？原因当然有很多，但我觉得其中根本的一点，就是缺少家庭的关怀，缺少亲情的温暖。不过，这也是我个人的想法。"

大家听完，连连点头，看来，彤彤妈的话对大家起到作用了。

生活中，不少父母抱怨："孩子一天与我们都说不到三句话，跟我们的关系越来越疏远，就喜欢跟同学泡在一起，由着他们这样自由交往，不变坏才怪！"其实，孩子逐渐长大，这是从依赖走向独立，从家庭走向社会并逐步适应社会的重要阶段。可以说，父母为孩子操碎了心，而孩子拒绝与父母沟通，有时候并不是孩子的过错，而是父母的态度让他们欲言又止。聪明的父母在向孩子"施爱"的时候，还懂得"索爱"，因为他们懂得，沟通是双向的，让孩子打开心门的第一步就是先开口坦诚自己的内心，让孩子了解自己。

另外，向孩子讲讲自己的心里话，也可以让孩子懂得感恩，不少家长在"爱"的问题上，只尽"给予"的义务，不讲"索取"。这时，家长的爱就会贬值，孩子会觉得父母的爱是应该的。有时候父母扛着生活艰辛的担子，觉得只要孩子好好学习，自己哪怕再苦也值得，而孩子根本不理解。孩子之所以不理解父母，很多时候是因为父母不给孩子了解的机会，当孩子知道父母的辛苦后，感恩之心会油然而生，学习的动力也就更明确了。

作为家长，要顺应孩子的生理和心理的成长，在教育方法上也要做出调整，把孩子当成朋友，平等地对话、交流内心世界，具体来说，我们应该做到：

1. 承认孩子是一个独立的个体，也有一定的担当能力

父母首先要把孩子当作一个完整的、独立的个体来对待，而不是自己的附属品，孩子虽然还处在成长的阶段，但已经具备了一定的解决问题的能力，因此，不要认为孩子还小，担心他知道得太多会影响到孩子的学习等。孩子是家庭成员之一，

当你与孩子共商家庭计划时，孩子会感受到被尊重，当他再遇到成长中的问题时，也愿意拿出来与家长一起"分享"，共同找出解决问题的办法。

2.孩子遇到难题的时候，告诉孩子我们是怎么做的

慢慢长大的孩子一定会遭遇一些成长中的烦恼，慢慢变老的我们一定会和他们"过招"，当孩子怒火燃烧的时候，我们做家长的切忌火上浇油、自乱阵脚，我们可以运用一种叫以柔克刚的方法。抱怨、不屑的言语只是他们在表达自己对事情、对人的看法，只是还没有找到最合适的方式，我们需要等待。也就是说，无论孩子的情绪如何，家长一定要心平气和，先平息孩子的情绪，然后再告诉孩子自己曾经是怎么做的。

第5章
用爱制止和引导，帮助孩子逐渐克服顶嘴和发脾气的毛病

生活中，我们经常听到有些家长抱怨自己的孩子脾气坏，如孩子动不动就怒目相向，脾气暴躁，总喜欢和父母对着干等。说到底，这都是孩子在成长过程中出现的一些行为和心理偏差导致的，父母要通过孩子表面的行为去分析其背后的心理，要了解孩子成长的特点和心理特征，并且要用爱来制止和引导，从而带孩子远离坏脾气，孩子才能身心健康地成长！

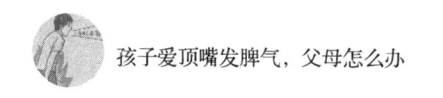

父母不要当着孩子的面吵架

在某幼儿园二班,有个叫小胖的男孩,脾气很坏,他经常因为一件小事就跟小伙伴大打出手,这让老师很头疼,经过家访老师了解到,原来小胖的父母总是吵架。

小胖的爸爸妈妈都是上班族,因为工作都太忙,心情都不是很好,常常发生口角,从最初能相互沟通,慢慢到争吵,最后变成严重的冷战和对立。

小胖刚开始感到很困惑、恐慌、静静地呆坐在沙发上,慢慢地到不以为然,最后逐渐接受了父母争吵和粗暴的行为,自己也变得喜欢发脾气。

从这个案例中,我们可以看到,父母当着孩子的面吵架,对孩子造成的伤害是多方面的,要么让孩子感到恐慌,要么会让孩子在耳濡目染中逐渐形成火爆的性格,容易发脾气。

因此,教育心理学家建议,父母如果希望孩子形成恬淡的性格和良好的修养,就要避免当着孩子的面吵架。

的确,相对于成人来说,孩子的心理承受能力很差,如果经常处在这种环境中,对孩子的智力和身体发育都会有不良影响。父母在孩子面前吵架,还会破坏父母的形象——吵架时双方互相指责对方的弱点和缺陷,当孩子不愿意听从某一方时,便会利用这一点来反抗。父母双方如果经常吵架，就会常常疏忽冷落孩子。父母处于极度的情绪紧张状态中，从而也造成孩子情绪紧张，妨碍了孩子正常的情感发展，还会导致孩子模仿父母的不正常行为，使以后的家庭生活受挫或社会适应不良。

有的家长还利用孩子来反对另一方，在孩子面前诉说另一方的缺点和不足，这种做法也是错误的。它等于把孩子也卷入了家长的战场之中，对于年幼的孩子来说，根本不能理解这是怎么回事，只会在其心灵上留下深深的创伤。

一些家长会说，夫妻之间难道不能吵架吗？其实并不是，吵架很正常，但最好避开孩子，如等孩子入睡后，或孩子不在的时候沟通、解决。

另外，夫妻吵架后，也绝不要让孩子看到母亲的眼泪，父母其中一人的离去，以及父母之间的恶言责骂，都会给孩子留下阴影。其实，作为父母，有时候也是情绪化的，夫妻之间吵架，很多时候并不是因为什么原则上的事情，只不过是鸡毛蒜皮的小事，但就是谁都不退让，进而导致家庭战争的全面爆发。

其实，吵架会不会给夫妻之间或孩子带来影响，取决于父母吵架以后解决矛盾的方式。现代婚姻专家发现，夫妻吵架的直接原因往往是生活中的小事，既然如此，就没有必要想办法避免吵架，因为从来不吵架的夫妻往往是害怕彼此意见不合。吵架以后怎么解决矛盾，才能不对夫妻和孩子产生影响？最好

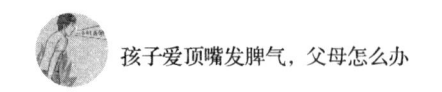

的办法是：夫妻吵架和好后，让孩子看不到争吵对父母的爱情有实质上的影响。

不过还好解决问题的原则比吵架的原则更容易遵循和掌握，因为，人平静下来的时候，更容易注意到自己在说什么，在做什么。

父母吵架是在所难免的，但是要尽量减少吵架的次数，特别是不能在孩子面前吵架。这个时候的孩子，正是身心发展的重要时期，父母吵架会给孩子幼小的心灵带来伤害，也会影响孩子的学习情况。所以，请每个做父母的，多给孩子一点关爱和温暖，少一些无谓的争吵。

专家告诫父母，让孩子生活得有安全感是父母的责任，父母相互攻击、谩骂对孩子心理造成的负面影响将难以弥补。如果夫妻之间确实有矛盾需要解决，必须要考虑孩子的心理感受，尽量控制情绪，不要随意发泄。

其实，即使是在和睦的家庭中，夫妻之间也难免会争吵，以致双方互相指责。尽管这常被看作小事一桩或正常现象，却忽视不得，因为它会给孩子的心灵留下难以弥补的创伤。如果孩子在场，最明智的方式莫过于心平气和地各抒己见，化干戈为玉帛，以理服人。因此，父母不要在孩子面前吵架，要互相谦让，让孩子有一种和谐安定的归属感。

家庭教育中，父母要保持一致的态度

在家庭教育中，相信这样的场景并不少见：

周末这天，小磊回来时满身泥巴，衣服也撕破了，妈妈知道他肯定又和小伙伴们打架了，就问："你是不是又打架了？"

"是他们先耍赖的，说好了，谁输了球谁就请客吃冰棍。"小磊解释道。果然，孩子又打架了，妈妈气不打一处来，就直接骂道："跟你说过多少遍了，不要和别人打架，难道你长大了想当混混不成？"说完，她伸出手准备打小磊，小磊吓哭了。

这时，正在看报纸的爸爸从卧室走出来，他赶紧说："来，小磊，到爸爸这儿来。"小磊赶紧躲进卧室，爸爸对他说："别哭了，爸爸觉得你没有错，不过一个男子汉要勇敢点儿，不要动不动就哭，来，笑一下。"听到爸爸这么说，小磊笑了。

其实，这样的教育场景在生活中经常出现，在孩子眼里，父母好像很喜欢红黑配合，但到最后，教育孩子的效果似乎并不明显，孩子的错误并没有改正，因为他们不知道到底谁说的是对的。

的确，就算是我们成人，面对两种完全不同的价值观念也会陷入混乱，更别说是孩子了。所以，家庭教育中，父母双方

要保持一致的态度，否则，孩子将无所适从。

而我们不难发现的一点是，中国传统的家庭模式多半是严父慈母：就是指父母"一个唱红脸，一个唱白脸"，他们相互配合，在教育孩子的时候，一个正面教育，另一个配合，相得益彰。事实上，这种观点并不合理。试想，如果父母双方，一个执行自己的严格教育方法，另一个则表现得过于温和，对孩子一味迁就，就会出现这样的情形：孩子见到严厉的家长就会像老鼠见了猫一样，唯唯诺诺；而见到温和的家长，就马上像换了一个人似的，立即变得放肆起来，甚至不把这位家长的话放在眼里。

当然，也有一些家庭是父母严厉而祖辈宽容，这也导致孩子在父母面前胆小懦弱，而到了爷爷奶奶或者外公外婆家里就神气活现。

其实，无论哪种情况，长久下去，孩子的性格和行为就会变得不稳定，甚至脾气暴躁，严重的还会出现性格上的缺陷，也不利于孩子树立正确的人生观和价值观。

因此，作为父母，在教育孩子的时候，必须要保持一致的态度，具体来说，我们需要注意以下几个教育方法：

1. 教育孩子前先商量，保持意见一致

在教育方法上，父母的意见不一定一致，对此，父母一定要学会求同存异，在教育孩子前先沟通。如果做不到这一点，孩子就会左右为难，心中充满矛盾，其心理上也会产生压力，不知道自己到底怎样做才对。

例如，生活中，有些父母就喜欢唱反调，就像故事中小磊的父母一样，妈妈教育孩子，爸爸却出来阻拦，并说："别听你妈妈的，她不懂。"以至于孩子不知道到底听谁的好。同时，这样做还会导致夫妻因教育方法不同而吵架，甚至导致家庭矛盾加剧。因此，夫妻双方应尽可能在大问题上意见一致，并注意减少矛盾，给孩子一个统一的价值观。

2. 征求孩子的意见

一切教育方法都应该在孩子能接受的基础上进行，因此，聪明的父母在教育孩子时，多半都会征求孩子的意见。比如，孩子犯了错，你可以让他自己选择受惩罚的方式，这样也就避免了父母唱反调的情况。

3. 不要当着孩子的面吵架

在实施教育的过程中，一些父母在出现矛盾时便提高音量，然后企图以吵架的方式解决问题。而这样做，只会降低父母在孩子心中的威信。

总之，我们对孩子的教育，不能同时采用两种不同的方法，设置两个不同的目标，提出两个不同的要求，因为这会使孩子无所适从，甚至行为陷于混乱，不利于孩子形成良好的性格和修养。

孩子爱顶嘴发脾气，父母怎么办

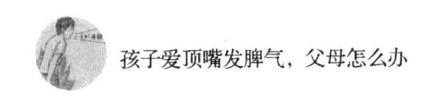

让孩子学会善待和理解他人

杨女士三年前和丈夫离婚了，离婚后，她带着儿子豆豆一起生活。

虽然是离异家庭的孩子，但豆豆却比其他孩子成绩更好，更难得的是，他看起来比其他孩子更阳光，性格也很好，老师和同学们都很喜欢他。

一次，学校开完家长会后，有几位离异家庭的母亲请教杨女士一些教育的问题，其中一位女士说："你和豆豆的父亲离婚后，还跟你前夫的家人来往吗？"

杨女士说："基本上不来往了，但我碰见我公婆，还是会主动问候的，毕竟离婚是夫妻双方的事，与对方父母没有根本的利害冲突。何必把关系搞得那么僵呢？抬头不见低头见，好聚好散……""我这样做主要是为孩子着想，要给孩子做出一个样子，逢年过节，我还让孩子去看爷爷和奶奶，我教育孩子一定要善待他人……"

可以说，豆豆的母亲是一个大度的人，许多人一旦分手以后，都躲着对方的父母，绕开对方的家人，甚至视对方的父母为仇人，而她没有，这给了孩子很好的榜样作用。家长要想让孩子善待他人，就要从自身做起，和周围的人和谐相处。

我们都知道，每个人都是社会的一份子，善待他人是做人的一个重要品德，一个人如果在社会上不知道怎么去善待他人，他将很难在社会上立足。善待他人包含的内容很多，其中有：多一些友善，少一些怨恨；多一些宽容，少一些苛责；多一些友爱，少一些仇恨；多一分理解，少一分埋怨。

在家庭教育中，我们教育孩子多去理解和包容、善待他人，能从根源上提升孩子的情绪管理能力，从而控制自己的怒气。

其实，我们不难发现，那些总是暴躁易怒、脾气坏的孩子，总是缺乏善待他人的品质，他们凡事从自身角度考虑，自私冷酷，而那些懂得善待他人的孩子，在学校里会善待同学，会理解、关爱他人，尊重老师的劳动成果；在家庭里会善待家人，尊敬长辈，尊老爱幼；在社会上会善待周围的人，对待需要帮助的人也不会麻木不仁，会热情地伸出友爱的双手。这样的孩子会以健全的人格和良好的品质获得他人的赞同和良好的人际关系。为人父母，我们不仅要磨炼孩子的意志，更要让孩子懂得爱人、理解人、善待人，正确地与人相处，可以说，这是决定孩子在未来社会生存状况好坏的重要因素。

那么，家长应该怎样培养善待他人的孩子，进而帮助其提升控制脾气的能力呢？

1. 父母应该以身作则，善待周围的每一个人

善待他人要从点滴小事起步，从细微处入手，这样才能教育孩子不以善小而不为，不以恶小而为之。

2. 让孩子学会换位思考，也就是要理解对方，理解爱

每个人都有自己的情感世界，都希望得到别人的理解，也希望理解别人。家长要告诉孩子，如果从对方的角度考虑问题，情况会怎样。这样孩子就会理解他人，因为理解是一个桥梁，是填平人与人之间鸿沟的石土。

3. 让孩子学会包容别人

孔子弟子三千，其中一个得意门生叫颜回。

有一次，颜回看到一个客商与一个买者因为价格问题而吵了起来。

买家说："三八十三，你为什么收我二十四个钱！"

颜回走过去劝架说："是三八二十四，你算错啦。别吵了。"

买家指着颜回的鼻子说："你算老几？我只听孔夫子的，咱们找他评理去。"

颜回问："如果你错了，怎么办？"

买者说："我把脑袋给你。如果是你错了呢？"

颜回说："你赢了我就把帽子给你。"

两个人来到孔子的住处，颜回向老师道明了情况，孔子笑着对二人说："三八就是十三。颜回，你输了，把帽子给人家吧。"

颜回想：明明自己是对的啊，为什么老师说三八十三呢？老师一定是老糊涂了。他只好把帽子给了那个买者。那人兴高

采烈地走了。

这时孔子告诉颜回:"你输了,只是一顶帽子而已,而如果我说他输了,丢的可是一条性命,你觉得是你的帽子重要,还是人的命重要呢?"

颜回大悟:"老师重大义而轻小是非,学生惭愧万分!"

生活中,孩子之间难免会有碰撞。他们年轻气盛,争强好斗心较重,常为一点小事争得不相上下,自己做错事,不着重检查自己,而是一个劲儿地找别人的不是,缺乏的就是一种宽容。家长要教育孩子"退一步海阔天空"的道理,宽容会使事情变简单,而苛刻会把事情变得复杂。

可以说,善待他人不仅是做人必备的美德和修养,也是衡量一个人层次高低的标准。人际交往中离不开你我他,更离不开善待。善待他人,也就赢得了尊重,爱别人也是爱自己。家长在培养孩子的时候,要引导孩子如何去善待他人,爱别人,在点点滴滴中学会爱,别让孩子成为一个自私鬼和愤怒的小鸟!

为孩子营造一个温馨有爱的家庭环境

曾有报道说有个十几岁的男孩,平时成绩很好,但就是喜欢打架。一次,他和班上的一位男同学起了争执,直接拿椅子砸了对方的头,导致这位同学当场毙命。

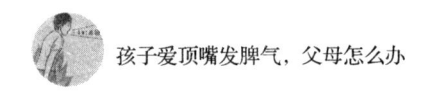

事后，他不但被学校开除，还进了劳教所。

这起事件引起了学校、家庭和社会的广泛关注，谈论最多的就是这个孩子的家庭环境。原来这个男孩在很小的时候就跟着母亲改嫁给现在的继父，而继父脾气暴躁，经常家暴他的母亲和他，久而久之，他学会了以暴制暴。

我们不得不承认，孩子在成长的过程中，总会遇到这样那样的问题，需要父母进行引导，而最重要的家庭教育方式莫过于给孩子一个轻松有爱的家庭环境，只有在这样的环境下，才能教育出脾气好、修养好的孩子。

不得不承认，我们每个人从呱呱坠地开始，就归属于一个家庭，家庭也为我们的性格打上了最初的烙印，这是人出生后最初的教育场所。父母的性格、教育方式、教育观念、在家庭中所处的位置以及所扮演的角色等对一个人性格的最终形成有非常重要的影响。从这个意义上说，家庭是制造性格的工厂。

所以说，给孩子一个良好的成长环境是让孩子健康成长的关键。瑞典教育家爱伦·凯指出：环境对人的成长非常重要，良好的环境是孩子形成正确思想和优秀人格的基础。这个故事也充分说明了家庭环境对人的性格形成影响之大。

每个孩子，只有在温馨、和谐的家庭环境下，才会感觉到轻松、安全、心情舒畅、情绪稳定，才有利于孩子形成良好的性格。因此，从这一点看，家庭中的父母长辈应该以快乐的情绪生活，并为孩子建立一个温馨和睦的家庭氛围。

我们父母需要给孩子提供一个舒适的生长环境。父母们要记住：所有孩子的优秀品行都不是从天上掉下来的，而是适应环境条件培养出来的。曾经有专家对一批婴幼儿进行跟踪调查，结果表明，那些生活于和谐、温馨的家庭氛围中的儿童，有这样一些优点：活泼开朗、大方、勤奋好学、求知欲强、智力发展水平高、有开拓进取精神；思想活跃、合作友善、富有同情心。

而另外有一项调查显示，少管所中的不少孩子是父母不和，在家中经常吵架，甚至离异，全然无视子女的教育，严重影响了孩子的身心健康发展，致使孩子走上邪路。

家庭成员之间的关系，会对孩子在以下两个方面产生影响：

那些幸福、温馨的家庭中，成员之间是互相信任的，在这样的环境中成长，孩子终日耳闻目睹，它的感染力是巨大的，使孩子无形中学会了热情、诚实、善良、正直、关心他人等优良性格品质。

另外，在这样的家庭环境中，成员之间是互相爱护的，对于孩子，他们也是疼爱有加的，因此，除自己的学习和工作外，有更多的精力关心孩子，有利于孩子的智力开发，知识经验的积累以及能力的提高，为入学后的学习打好基础。

因此，教育心理学家给我们的家长提出了以下建议：

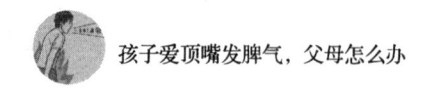

1. 为孩子营造和谐的家庭环境

父母、家庭成员之间相亲相爱、关系和谐，是融化孩子所有心理问题的前提，事实上，在这样的环境下成长的孩子出现心理问题的概率很小。对此，专家建议，家长应为孩子提供一个安定、和谐、温馨的家庭氛围，要让孩子那颗纷乱的心安定下来，这样孩子才会接纳来自父母的帮助。

2. 无论遇到什么事，家长都要情绪稳定

居家过日子，家庭矛盾在所难免；人际交往中也可能出现矛盾，但不可把不良的情绪带回家。家长有空时还可以陪孩子一起玩耍、散步，在家里多谈些轻松愉快的轶闻趣事，说些孩子感兴趣的影视剧、体育等话题。

我们的孩子犹如一株花苗，在一个和谐的家庭中才能健康地成长，才能含苞待放。为了孩子，也为了全家的幸福，父母长辈们应该随时保持好心情，为孩子创造一个良好的成长环境。

总之，良好的家庭情感，和谐的家庭气氛可对孩子产生良好影响，每一位家长都应从孩子形成优良的个性品质、健康发育成长出发，为其营造一个温馨和睦的家庭环境，以利于孩子成长。

建立孝敬长辈、长幼有序的家庭秩序

默默的爷爷奶奶年纪大了，五年前，当默默还在读三年级的时候，爸爸把爷爷奶奶接过来一起住。

爸爸妈妈帮爷爷奶奶接风那天，爸爸说："在这个家里，爷爷奶奶是长辈，从今天起，一家之主就是爷爷奶奶，我们做晚辈的，不是非要听他们的话，但一定要尊重他们。"那时候，默默还不知道爸爸说的是什么，但他清楚，在家里，爷爷奶奶是最大的。所以他似懂非懂地点了点头。

说来奇怪，从爷爷奶奶来了之后，默默好像一下子懂事了，以前耍脾气不肯吃饭，现在每次吃饭前，他都会先给爷爷奶奶拿碗筷，等爷爷奶奶和爸妈就坐后，自己才拿起筷子吃饭。

以前动不动就说妈妈这里不好，爸爸那里不好，现在也不说了，因为他发现，爸爸妈妈也是自己的长辈，不该随意指责他们。

这里，默默为什么一改以往的脾气、变得懂事了？这是因为爷爷奶奶的到来，以及爸爸给他打的"预防针"，让他明白了在家里长幼有序的道理。

的确，家庭中爱心和亲情要靠父母精心营造，父母要用爱熏陶孩子的心灵，要从一点一滴的小事着手，就要在家里逐渐建立长幼有序的家庭秩序，这样，能防止孩子对抗与顶撞父母，让他们学会尊重长辈。具体来说，我们需要这样引导孩子：

1. 家长要尊重父母

当着孩子的面，不可以说任何对长辈不敬的话；当着孩子的面，不可以高声顶撞自己的长辈，无论出于什么原因；和孩子一起孝顺长辈。

父母去看望自己的父母（孩子的爷爷奶奶、姥姥姥爷）时，要带上孩子一同前往，让孩子亲眼看看父母是怎样孝敬长辈的。

漠漠在外地上高中，就在高考前夕，他的姥爷病逝了，有人说，孩子离家比较远，又马上面临高考，就别让他回来了。可是他的爸妈毅然决定让孩子回来参加姥爷的葬礼。漠漠自始至终陪伴着他的妈妈，他一次又一次地看到妈妈哭得柔肠寸断、死去活来，自己也一次又一次地潸然泪下，泣不成声，内心受到巨大的震撼。他感受到了人失去亲人时是怎样的痛断肝肠。

漠漠父母对他的教育是正确的，可以说，这种亲情体验比孩子考试多考十分八分要重要得多。

2. 长辈要多夸晚辈的孝行

孩子表现出对爷爷奶奶等其他长辈的孝敬，要愉快接受，并且及时加以表扬，最好逢人就夸。

3. 父母应该建立一个良好的家庭秩序——长幼有序

父母应事先确定一些准则，作为父母，不能轻视家中的老人。而孩子的哪些行为可以接受，哪些不能接受，一定要坚持原则，毫不含糊。当孩子对他所知道的界限以一种傲慢的态度肆无忌惮地进行挑衅时，要让他觉得后悔。不能让他们当面取笑父母，藐视父母的权威，甚至把父母当成出气筒而不受谴责。当然，批评孩子的错误行为时，不要夸张，要就事论事，不要贴标签，戴帽子，要言简意赅。不要喋喋不休地讲个没完没了，让对方厌烦。

有一个孩子，在他13岁的时候，爸爸犯了一个错误，偷看了他的日记。结果那个孩子知道后不依不饶，连续几天不和父亲说话，无论爸爸怎么道歉都没有用。爸爸非常痛苦，觉得自己的错误是不可原谅的。

其实，这个事情很简单，爸爸偷看儿子日记，自然是爸爸不对，但是在爸爸已经道歉的前提下，还继续惩罚爸爸，就是儿子的不对了，他忘记了孝顺爸爸和宽容爸爸。整个家庭不能没有主次之分，一个家庭一定要建立一个良好的秩序，这样家庭成员在这个秩序里才能互相尊重、关爱，家庭才越来越稳固和幸福。这个孩子和爸爸都忽视了家庭当中的一个大原则——当小原则和大原则时冲突怎么办？一定要让步给大原则，一个家庭必须建立起一个大的原则和基本的秩序。要懂得维护自己的权利，但更要懂得孝顺和宽容，后者是大原则。

4.孝心是拿来做的，不是拿来说的

做父母的，一定要身体力行，孩子才能效仿。那种"只爱自己的妈妈，不爱丈夫的妈妈"的现象，在年轻妈妈中相当普遍。很多妈妈在婆婆面前，不称呼"妈妈"，在婆婆背后，则称"老东西"，这会对孩子的成长产生不利的影响。

对孩子的一切教育要建立在父母的效仿作用上，这是毋庸置疑的，每个孩子就像是一张空白的纸张，如何把这张纸描绘成色彩斑斓的蓝图，就需要父母的教育。培养孩子的孝心，家长必须身体力行，让孩子去体会，去感受！

让孩子体会父母的辛苦

有一个老师这样教育一群叛逆、离家出走的男孩：他从家中带一些鸡蛋，让这些男孩不论用什么方法，保证鸡蛋在一天之内不碎。一开始这些男孩不以为然，一下课就把鸡蛋放在课桌中，自顾自去玩了，谁料到课桌被好动的同学撞了一下，鸡蛋就碎了；还有的男孩一直把鸡蛋捧在手里，但用力过猛，把鸡蛋捏碎了。失败后，孩子们都学乖了，用上了保护措施：有的把鸡蛋放在泡沫塑料里；有的把鸡蛋放在布袋里，挂在胸前。当学生把完整的鸡蛋交给老师时，都不由自主地长嘘了一口气。老师趁此引导孩子："你们保护一个鸡蛋才一天，就觉得累了，爸爸妈妈保护你们长大成人所付出的精力和耐心，就可想而知了。"

的确，父母养育孩子直至长大成人，倾注了很多心血。孩子只有体会到为人父母的辛苦，才能在未来社会承担起更多的责任，只有懂得孝顺自己的父母，才能同样养育出孝顺自己的孩子。而从孩子自身角度看，父母在对孩子进行情绪管理和性格养成的过程中，也只有让孩子认识到父母的辛苦，才会让他们尊重和体谅父母，进而避免亲子之间的对抗。

而现代社会为人父母的，有多少人在爱的名义下，不停地摧残孩子那颗脆弱的心灵，正如很多人说的"中国的父母是天下最爱孩子的父母，却是最不懂得怎样爱孩子的父母"。他们的爱只是父母对子女的单向倾斜，而不能实现爱的双向交流，这种爱是畸形的爱。孩子只有把父母给他的爱转化为他对父母的爱，爱的种子才算在孩子的心中生根发芽、开花结果，这种人间大爱正是这样得以传承的。

一个年仅3岁的小孩，在父母上班之后陪伴着瘫痪在床的奶奶。奶奶该吃饭了，他把父母做好温在锅里的饭菜慢慢端到奶奶床上；奶奶要解手，他把便盆送到奶奶身边……

一个上小学的女孩，母亲病卧在床多年。小女孩承担起了全部家务，每天买菜、做饭、收拾房间，为母亲擦洗身体。家里生活十分困难，她养成了省吃俭用的习惯。在这种情况下，她每天按时到校上课，勤奋苦读，还担任学生干部，成为三好生，被评为十佳少年……

这些鲜活的例子证明了家贫出孝子这个道理，只有经过生活的磨炼，才能了解生活的艰辛，才能明白父母的含辛茹苦。懂得孝顺父母的孩子才是一个人格健全的孩子，才知道如何爱别人。那么，家长该怎样让孩子体会到父母的辛苦，从而启发孩子的孝心呢？

1. 日常相处中建立亲情，让孩子体会细小的生活片段，感知父母的艰辛

在孩子时间允许的情况下，家长应要求孩子帮妈妈刷刷筷子洗洗碗，给爸爸捶捶后背揉揉肩。亲情培养，很多时候就是一些容易被我们忽略的细节。从这方面说，我不赞成孩子从上幼儿园或小学起就到离家较远的外地去上寄宿制学校，因为这不利于亲情培养。亲情，就是在一天到晚的亲密相处中建立起来的。

2. 给孩子机会，让孩子从行动上去感知

家长不妨把日常工作向孩子说一下，或带孩子去上一两次班，让他知道你上班走什么路线，每天都做些什么事情，你的工作中有哪些困难；你还可以告诉孩子下一个月、下一年家里都需要买什么东西，需要花多少钱。总之要让孩子看到、体验到父母的难处，而不是只让他听父母说"我很辛苦"。

在一个双休日，李先生骑自行车带孩子去公园。看完各种动物表演，孩子十分兴奋。回家的路上行人稀少。他对爸爸说："爸爸，让我带你一段怎么样？"李先生说："你没有带过人，能行吗？"李雷说："让我试试吧。"爸爸同意了。

于是，爸爸坐在车架上，李雷双手紧握车把，用力蹬动脚踏板，车轮滚滚向前。可孩子毕竟还小，骑了七八百米之后，就有些体力不支了，额头上也渗出了汗珠。最后他喘着气停了下来，好奇地问爸爸："爸爸，你每天骑车带我上学也这么费力吗？"爸爸说："我虽然比你力气大些，不过每送你一次，我也挺累的，尤其是前边那个上坡更费力气。"

到了星期一，李先生照常骑着自行车送儿子上学。骑到上坡时，坐在后边的李雷忽然跳了下来，用手推着车。爸爸感到非常欣慰。

3.用亲情故事启发孩子意识到父母的辛苦，从而孝敬父母

家长一定要定期抽出点时间和孩子谈心聊天，要把自己和家里的难处有选择地告诉孩子。通过谈话，可以让孩子体验亲情，启发孩子孝敬父母的意识。

让孩子从"乌鸦反哺""羊羔跪乳"等故事和名人孝顺的事例中体会到孝顺父母是一种美德。动物尚有此本能，何况我们人呢？

父母是孩子的第一任老师，切记不要溺爱孩子，溺爱是孩子成长的毒药。每个孩子就像一把谷种，放在温室中肯定不会长成大树，让孩子拥有孝心，才能让他明白，只有互相付出爱，一个家庭才能美满，在学校里、在社会中才能与人和谐相处，才能拥有更和谐的人际关系，在社会上更好地生存！

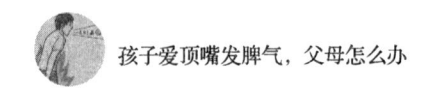

让孩子知道父母永远是他的依靠

人活于世，都需要一种归属感，只有归属感才能让我们的心灵得到慰藉和安歇，所以人们强烈地希望自己归属于某一组织或者个人。而对于一个孩子来说，最初的需求是感受到来自生育了他的父母的爱。随着他不断成长、与社会的接触逐渐增多，他的归属感会更强烈，但在与人交往的过程中不免受到伤害比如，被人不留情面地批评，使他感觉被人排斥、压力过大或者精神极度疲劳时，父母要让孩子知道你永远是他的依靠，永远是他的港湾。

在我们成人受伤时，或许可以一笑了之，但孩子是脆弱的，需要父母用心庇护，让孩子在失意、落魄的时候帮助他走出心理阴影，否则，他就可能到别的地方寻求他人的帮助并获得归属感。他可能去向那些根本不想取悦他的人寻求庇护，并可能通过危险的非法方式获得乐趣，后果将不堪设想。很多孩子离家出走，误入歧途就是因为得不到父母的认同和慰藉。

从另外一个层面说，给足孩子爱，让孩子有归属感，更易于加深亲子之间的感情，进而淡化甚至消除孩子对父母的对抗情绪，并帮助孩子获得良好的修养和性格。

那么，家长具体应该怎样去增强孩子的家庭归属感呢？

1. 与孩子经常沟通，理解孩子的感受

交流沟通能力在促进人们社交健康、情感健康和个人成功方面起着关键作用。如果父母不与孩子交谈，孩子可能将之理解成对他的忽视。所以，家庭中的沉默会给他的自尊、自我价值感以及他对未来家庭关系的信任带来毁灭性的影响。

孩子在生活中受挫的时候，需要父母的鼓励，否则会导致他产生严重的受挫感。家长接纳孩子的感受，那么，他就可能学会接纳、控制、喜欢或者应对自己的感受。另外，家长也可以帮助他提出要求。如对他说，"我想你现在很难过，给你一个拥抱，你会觉着好点吗？"这样的话能让他放松地表达自己的想法："我现在心情不好，我来是想得到一些安慰。"

2. 做孩子最后的庇护者

当你的孩子正处于困难时期，当他再也无法忍受、筋疲力尽，无法继续佯装坚强时，他需要一个藏身之所。在这里，他可以展示真实的自我；在这里——至少在很短的一段时间，没有人要他负责任，他会被无条件地接受。在这里，他可以真正放松下来，因为他知道，有人愿意暂时分担他一时的负担，让他得到解脱，是他坚强的后盾。

父母显然应该是孩子最后的庇护所，也应该成为孩子最后的庇护者，因为父母对孩子非常重要，虽然在某些时候或情况下，家长可能觉得自己缺乏足够的情感储备，不能为孩子们提供其所需要的慰藉。这个时候，你不用对孩子说些什么或者做些什么，只需好好考虑一下，除了你与他保持亲近外，他是否还需要你为他做些什么，要让他恢复对自己的信心。

（1）当你的孩子请求你的原谅时，请接受他抛来的橄榄枝，并尽力忘记那些不愉快的事情。

（2）为他提供庇护，并不意味着你要对那些已经发现的有问题的行为视而不见、不理不睬。

（3）积极主动，想他之所想——预见他的感受，如果你认为他需要，主动给他以安慰。

（4）在没有压力的寻常时间里，找个机会开诚布公地告诉他，在他需要的时候，家永远是他最后的庇护所。

3.给面临压力的孩子以支持

压力不仅仅困扰着成年人，孩子也面临着双重的压力。一方面，他要承受来自自身生活中的事件，如校园欺凌、学业压力和交友问题的压力。另一方面，他还受到心事重重、缺乏忍耐的父母所面临压力的间接影响。面对压力，他们可能比成年人更加迷茫、不知所措。

一位母亲说："我过去认为我女儿挺好的。尽管她孤独了些，但她看起来生活得不错。我的生活也还行。我们之间交谈不多。后来，在进行普通中等教育证书考试的时候，她开始逃避一切事情。如今她不学习，整天把自己关在家里，也不说话。我们的生活真的是一团糟。"

这个女孩的表现就是压力过大造成的，如果你的孩子长时间地难过或者郁郁寡欢，超出了你的预期，或者变得富有攻击性，离群索居或者不愿与人交往，睡眠不安，注意力不集中，或者过分依附他人,这时,他可能正感到痛苦难过,需要你对此采取一些行动。你应及时告知他事情的变化及做出的决定,以便他感觉到没有失去控制。保持生活的常规不变,以强化他的安全感。

总之,父母要认识到,我们的孩子正如花儿一样,需要父母的精心呵护;只有给予他足够的爱,他才会理解爱的内涵,才会积极健康、乐观向上地成长,这也正是父母所希望的。做孩子坚强的精神后盾,他的成长才有保障!

第6章
用引导代替说教，以正确的沟通方式化解孩子的逆反心

　　我们都知道，家庭对孩子一生的成长是至关重要的，家庭是孩子人生的第一所学校，家长是孩子最重要的启蒙老师。而每个家长都望子成龙、望女成凤，在教育孩子的问题上，正确的方法是用正面引导代替说教和命令，这样，才能让孩子感受到尊重和理解，才能不断消减和淡化逆反情绪，帮助他们健康成长。

将命令改为启发，别什么都强迫孩子

在家庭教育中，不少家长认为自己的做法和看法都是对的，因此，他们总希望孩子按照自己的要求去做事，并且，他们喜欢用命令句式，因为他们以为，孩子天生是听话的，应该由别人来决定他的一切，如"就这样做吧""你该去干……了"。这种语气可能在孩子小的时候还能起到作用，但随着孩子年纪的增加和他们独立意识的萌发，会导致他们的对抗情绪越来越明显，这就是为什么在很多家庭中出现"家长气急败坏，孩子无所畏惧"的现象。

其实，真正有效的教育方式是鼓励和引导孩子，而绝非命令，对于这种情况，家长不妨将命令式语气改为启发式语气，如"这件事怎样做更好呢""你是否该去干……了"，这种表达方式会让孩子感觉到家长对自己的尊重，从而引发孩子的独立思考，使他按自己的意志主动处理好事情。

对此，在家庭教育中，我们需要注意：

第一，不要把你的观点强加给孩子。

你越是将自己的观点和价值观强加于他，并自以为他会与你分享，他拒绝接受它们的可能性就越大，即便一个较小的孩子也是如此。

因此，家长要想办法弄清孩子的想法。比如，你可以这样说："我喜欢这个想法，但重要的是你如何看待。"而不是说："太棒了，你不这样认为吗？"或者可以说："你怎么看待那个电视节目？"而不是说："那个电视节目简直就是胡说八道。"

第二，不要把你的兴趣和爱好强加给孩子。

这是个性差异使然，很多有所成就的家长都希望自己的孩子能按照自己的兴趣、爱好，甚至按自己为他规划的人生走下去，早有"子承父业""书香门第"之说，现在生活中这样的例子也是数不胜数：医生的女儿当护士，教授的女儿当老师……

父母总把孩子放在自己的掌心，而他却渴望拥有一片自己的天空。这种"独裁"只会把孩子从你身边拉走。中国的家长们太喜欢包办代替，操心受累之余还总爱不无委屈地说一句："我什么都替他想到了，能做的我都做了，我容易吗？"可是对于这一"替"，孩子不但不领情，反而加剧了他们的逆反心理，尤其是进入青春期的孩子，他们更愿意固守自己的意志而拒绝家长的好心安排。

其实，父母的良苦用心可想而知，但有没有尊重孩子的兴趣，让孩子挑选自己感兴趣的东西呢？家长应该注意发现和培养孩子的兴趣。

大多数时候父母都会认为，孩子还小，很多事情他们不懂，父母选择的对他们才更有好处。殊不知，孩子虽小，但也有着鲜活的思想和情感，有自己的兴趣。只有从兴趣出发，孩子才能自主地学习，才能学得又快又好，才能享受到学习的乐趣。

第三，当孩子产生情绪或者做出你不能容忍的事后，向他说明你的想法和感受。当你感到愤怒、难过或者沮丧时，请说出来并向他说明原因，别只是大喊大叫。

法国哲学家尤伯尔说："孩子们需要榜样，而不是批评家。"如果你的孩子看见你为他做出表率，那么，他也会学习安全而自在地发现并表达自己的思想和感受。以下是父母需要做到的：

（1）如果你能接纳你孩子的感受，他就可能学会接纳、控制、喜欢或者应对自己的感受。

（2）帮助他提出要求。比如对他说，"我想你现在很难过，给你一个拥抱，你会觉着好点吗？"这样的话能让他放松地表达自己的想法："我现在心情不好，我来是想得到一些安慰。"

（3）接受他的歉意，即表明你接受了他的感受。这时，你可以依下列模式对他说点什么。比如，"今天我很不痛快，所以冲你大声嚷嚷，真对不起。"

（4）孩子的嫉妒、愤怒、沮丧以及怨恨的感受，应该是可以接受的，而不应该遭至惩罚或拒绝。虽然可以有这样的感受，但不可因为你的感受而去伤害他人。

（5）给出一些不完整的句子，让孩子去补充完成。比如，"当……的时候，我最高兴""当生气的时候，我……"；"当……的时候，我觉得自己非常重要""当……的时候，我感到情绪沮丧""当……的时候，我往往选择放弃""当受到斥责时，我想……"。

父母要告诉孩子要对自己的行为和情绪负责。你可以说，"当…的时候，我感到非常生气"，而不要说，"是你惹得我生气"。当你的孩子骂骂咧咧时，让他换一个词来表达他试图表达的内容。

总之，家长应该接受孩子的所有情绪，然后帮助他排解。毕竟，孩子应该有自己的感受和情绪，这才是一个有血有肉、有真性情的人，而不是作为你的傀儡而存在。

在家庭教育中，我们都希望孩子乖巧、听话，但我们要清楚一点，孩子并不是父母的私有财产，如果希望孩子样样服从自己的安排，结果将会适得其反。家长在学习家庭教育理论知识的同时，还要善于反思、总结，不断提高自己的素养、转变自己的旧观念，把理论灵活地运用到实践中去，才能有好的效果。对于家长来说，引导孩子去做事是一个漫长而艰巨的任务，也可以说是一生的课题。总之，家长不要总是强迫孩子听话，把自己的想法强加给他。

孩子爱顶嘴发脾气，父母怎么办

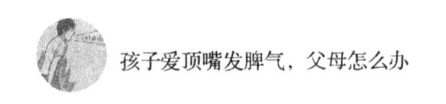

别让偏见刺激出孩子的逆反情绪

小樱正上五年级，学习成绩并不是很好，但她有自己的爱好——喜欢观察小鸟，平时在家做完作业，她也会透过房间窗户看外面的小鸟。

这个暑假，爸爸妈妈又为她报了个补习班，因为她期末考试考砸了，但小樱并不想去，后来，他们也就放弃了。

小樱闲下来的时候，去了动物园，看到了很多以前自己没看过的鸟，并在网上搜集了很多资料。

一次，在全市的作文竞赛上，小樱发表的那篇关于鸟类栖息的文章获得了一等奖，小樱的爸爸被请到了颁奖现场，当小樱捧着奖杯回到观众席的时候，她原以为爸爸会夸赞自己一番，没想到她的爸爸却说："高兴什么？你以为我不知道你是抄袭的？"小樱的心凉了半截。

从那以后，小樱唯一的乐趣——观察鸟的习惯也没有了，而且，她不大愿意和爸爸说话，一看到爸爸就躲得远远的。

为什么会这样呢？这是因为小樱的爸爸对孩子心存偏见，以为孩子学习成绩不好，其他方面也都不好。

实际上，在家庭教育中，许多父母在看待孩子这一问题上，都会犯这一错误。在父母眼里，孩子有改不完的错，而看不到孩子身上的点滴进步。这种心理往往造成父母评价孩子时过于消极，从而使亲子关系很紧张，让孩子产生逆反心理。而父母之所以对孩子心存偏见，也是因为父母没有主动与孩子沟通、了解孩子心中所想，反过来，亲子关系的紧张也加剧了亲子之间沟通的难度。

我们怎样才能避免对孩子心存偏见呢？

1. 要用发展的眼光看待孩子，赞扬孩子的进步

古语有云："士别三日，刮目相看。"任何人、任何事都不是一成不变的。我们的孩子也是在不断进步的，而同时，孩子对于父母的态度是很在意的，假如你的孩子进步了，你一定要赞扬他，而不是用老眼光来看待他的缺点。

每一个父母在教育孩子时，都要让孩子明白一点，无论他的成绩如何，只要他努力了，就是好孩子。

事实上，孩子对于自己的进步是非常敏感的，但孩子最希望的是得到父母的认同，如果父母总是刻板地看待孩子，时间一长，得不到认同的孩子便不愿意向父母敞开心扉了。如果父母能够及时发现孩子的进步并进行表扬，孩子的心灵就会得到阳光的沐浴，进而敞开心扉，把父母当成最好的朋友。

2. 不要总是拿自己的孩子和其他孩子对比

小燕和倩倩是很好的朋友。这天，倩倩来小燕家玩，小燕妈妈就留倩倩在她家吃饭，吃饭期间，自然提到了学习成绩问题。倩倩说自己这次考试又是满分。

一听到倩倩这么说，妈妈就开始数落小燕了："你就不能和倩倩学学？你的成绩总是那么糟！上次月考竟然有一门不及

格，去年还是倒数第十名，像你这样上课注意力不集中，不专心听讲，又不求上进的人，怎么能取得好成绩？回房间好好想想去，我不想看到你这个样子。"

虽然不是第一次遭妈妈训斥，可小燕觉得好没面子，只好自己回了房间。

其实，我们的生活中，很多孩子都有过小燕这样的待遇。一些父母，根本看不到孩子的进步，总是拿孩子的缺点说事，并且，还当着其他人的面说，这会让孩子的自尊心受到严重的伤害。

3.要全面地看待孩子

有时候，我们对孩子产生刻板印象，是因为我们只看到了孩子的某个方面或者某些方面，而没有全方位地了解孩子。你发现没，你的孩子虽然学习成绩不好，但他的人缘却很好，别人总是愿意和他交朋友，对于这点，你夸赞过他吗？

4.要客观地看待孩子所做的事

无论你的孩子做了什么，都要从事情本身评价，这样，才能避免因刻板印象而误解孩子。

总之，家庭教育中，我们要看到孩子的点滴进步，要学会从多方面看待孩子，只有这样，才能对孩子产生认同感，从而加深亲子之间的关系，让孩子愿意与我们沟通，这有利于家庭教育的顺利进行。

正确处理孩子的对抗情绪

周末这天上午十一点,小刚拿着篮球准备出门,在厨房做饭的妈妈看到后,走出来说:"都到吃饭时间了,吃完了再去。"

"要你管?"儿子直接摔门出去。

妈妈被气个半死,无奈,只好给儿子留饭。到了十二点多儿子回来了,妈妈说:"快吃饭吧。"

"不吃了。"儿子正准备回房间,一把被妈妈拽住:"你这孩子怎么回事,一天不好好学习,不好好吃饭,你到底想怎样?"

儿子也气不打一出来,甩开妈妈的手,说:"不用你管,你除了叫我吃饭、睡觉、学习,你还知道什么?"

妈妈一时愣住了,儿子为什么要这样对自己?

可能我们不少父母也发现,随着孩子身体的发育,他们好像总是故意和自己作对似的,总和自己唱反调。很多父母感叹:"我让他往东,他就是往西。""我说的话,他就没有听过。"

其实,作为父母,我们自身也应该反思,你理解孩子吗?你有真正聆听过孩子的想法吗?孩子有自己的想法,需要做家长的去聆听。有时他的心里没有太大的事情,只是想找个对象倾诉一下,把内心的烦躁说出来。这个时候你的唠叨反而让孩

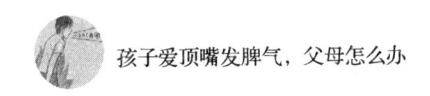

子更加烦躁。

这里说的聆听，是需要你用心去聆听，用心去感受孩子成长的变化，理解他们，并合理地引导孩子。好的教育是让自己的教育方式适应孩子，而不是让孩子来适应你的教育方式。不要以为以前的教育方式就是很正确的，那是因为你的孩子还太小，处于弱势，没有拒绝的权利和抗拒的能力。随着孩子逐渐长大，他们就敢于对家长说"不"，敢于"抗旨"，而家长也开始变得困惑、生气、抱怨、伤心……

为此，父母要从改进教育方法入手，处理好孩子的对抗情绪：

1. 五分钟后再谈

任何教育方法的前提都需要我们父母能够控制住自己的情绪。在气头上的父母，怎么会有能力、有智慧运用良好的方法呢？

面对孩子的事情，给自己留五分钟的冷静时间，冷静下来后，你会发现其实没什么大不了的事。孩子都需要父母用耳朵、用心去倾听和理解。

2. 做出一些让步

让步可以在很多时候表明你欣赏孩子的成熟，并且意识到他对更多自由和自主的需求。

这里，我们需要明白两点：

（1）可以商榷的。对于那些不影响学习、不涉及孩子的生活质量和生活习惯的事，就是可以商榷的，如睡觉时间、发型、衣服的样式，这些可以商榷，并达成一致意见。

（2）不可以商量、妥协的。不符合以上原则的，也就是不能商榷的，如孩子不做作业、抽烟喝酒等，就绝不能妥协。对此，即使孩子与你争吵，你也不必害怕破坏与孩子之间的关系而一味妥协让步，需要通过规定限度与制订标准来规范孩子的行为。

事实上，即使父母制定的规矩不多，他们也不会得到孩子的"较高评价"。父母可以通过交流与让步避免强烈的冲突，但是必须制定一些标准，这是让孩子学会自律的主要方式之一。

3. 契约法

父母之所以唠叨，孩子之所以发脾气，都是因为在某些问题上没达成一致意见，于是，孩子继续挑战父母的极限，高举着"我青春期了，我要……"的大旗：明明规定的是8:30之前回家，但是最近他频频违规，少则9点，多则10点多。面对这样的情况，你会怎样做？

对此，我们可以采用契约法：

如果你是一个事必躬亲的家长，连孩子的饮食起居、学习、情感都想掌控的家长，那么，你必须做出一些改变。

新学期一开始，星星为了能让唠叨的妈妈"收敛"点，就想出了一个好主意——准备了一份合同。这天，当妈妈又在吃

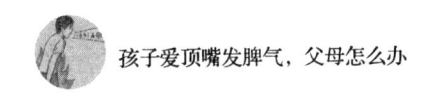

饭时说些老生常谈的话题时，星星把筷子一放，站起来郑重地说："妈妈，咱们签份合同吧！"

合同内容是这样的：

①以后妈妈不在吃饭时间问女儿的学习情况；作业不会时，妈妈不许发脾气，不许敲桌子，要耐心讲解；周末给女儿放松时间，不能硬性规定必须9点睡觉。

②女儿要主动跟妈妈谈心，不乱花钱，不瞒着妈妈做事情，每天洗自己的碗，叠自己的被子。

③合同有效期：本学期。

母女俩都在合同上签了字，然后按照合同行事，很快母女关系不再紧张。妈妈再也不在吃饭时间问个不停，星星的变化也很明显：不乱花钱买衣服，按时写作业，还承担了全家的扫地任务。

其实，"契约教育法"的秘诀就在于：孩子的行为一旦约定俗成，家长就不用三令五申，照章考核孩子的行为就行了。它可以帮助孩子自我观察，建立良好行为，学会自主管理；父母省去了许多说教，亲子之间的情绪冲突大大减少。

总之，孩子总唱反调，我们就要做出教育方法上的调整，该放手时要放手，教会孩子去为自己负责，该信任的时候要信任，给孩子锻炼的机会，这样才能让孩子在体验中成长。

亲子间发生矛盾该如何处理

一天，儿子回家后，爸爸发现儿子耳朵上竟然打了耳洞、戴了耳钉，马上气不打一处来。

父亲："谁允许你打耳洞的？你照照镜子，跟街上的小流氓有什么区别？明天不摘了就不许进家门！"

儿子："我就是喜欢，为什么要听你们的？"

父亲："我是你爸，我就要管你。你看你成什么样子了。"

儿子："有什么了不起，你就会对我发脾气……"
一场父子之间的战争开始了。

不得不说，现代家庭中，很多亲子间的矛盾都是因为沟通不畅而引起的，很多父母在事后后悔——为什么我要发火呢？有什么办法可以挽救呢？

很多父母都感叹，现在的孩子越来越难管。好像总是故意和自己作对似的，而家长稍微说了几句，就跟自己生气，直接吵架，甚至离家出走，而最后担心的还是父母，可以说，与孩子沟通是很多父母头疼的问题。

的确，对于任何一个家庭来说，如果亲子关系不好，很容易打乱正常的家庭秩序，也会给孩子和家长造成不少困扰，有些孩子甚至因为一味地反抗家长而走向违法犯罪的道路，因此，在这个过程中，家长的疏导就显得尤为重要。

然而，生活中，一些父母一看到自己的孩子与以往的举动不同，就担心孩子会做错事、走错路，便对孩子横加指责，另外，一些年纪稍大的孩子本来就有逆反期情绪，于是，生活中的一些小细节便升级成亲子间的全面战争。事实上，不少孩子最厌恶的就是父母对自己管得太多、干涉太多。

那么，当亲子间产生意见分歧、有矛盾的时候，父母该怎么办呢？

1. 先从自身找问题

亲子间产生矛盾的时候，家长首先要反思，是孩子还是自己先挑起战争的呢？是不是自己本身就对孩子有意见？

很多时候，矛盾只是来源于生活中的一些小细节。比如，儿子换了一种新潮的发型，父母完全可以把这种现象当作普通的爱美之心。

当我们与孩子间的矛盾比较激烈时，要学会心平气和地去开导他们，也可以适当地请教心理专家，用理解的心态逐步解决问题。

2. 父母使用建设性的内心对话，先平息怒火

赫尔明指出："许多怒火中烧的人不分青红皂白责备任何人和事：什么车子发动不了啦；孩子还嘴啦；别的司机抢了道啦……使怒气徘徊不去的是你自己的消极思维方式。"既然想法是导致情绪的主因，那么，在家庭教育中，如果家长自身容易愤怒，就应该做好心理预期，准备一些建设性的对话以备不

时之需。例如："孩子也是独立的人，我不该随便批评""不论如何，我都要平静地说，慢慢地说"等。

当你能熟练这些办法后，你就会发现，自己能先平静下来。

3. 无论如何不要对孩子说粗话

不管你说的是"傻瓜"还是更粗野的词语，一旦开口辱骂，孩子就会把你变成"敌人"，这样，要消除孩子的怒气更难上加难，而且，言语粗鄙的家长会对孩子的语言习惯产生坏的影响，长期与家长对骂的孩子，怎么可能有好的修养和性格？

4. 向"合理的一面"妥协

在亲子间产生矛盾的时候，父母不要一味地强调自己正确，事实上，有时候，孩子的想法也并不是不正确，只是角度不同，观点不同。对此，为了防止矛盾升级，我们可以和孩子进行妥协。比如，对于晚归这个问题，你可以和孩子约法三章：晚上十点之前必须回家；最好结伴回家；晚归要给父母打电话等。父母与孩子各退一步，能有效缓解沟通中的矛盾。

总之，任何家庭中，亲子关系都有可能出现一些不愉快的场面，此时，需要我们家长找到解决的方法，另外，孩子毕竟是孩子，他们的情绪掌控能力不如成人，需要我们在平时多关心，并且需要家长保持平静心态，找到解决的方法，更多帮助孩子解决实际问题。

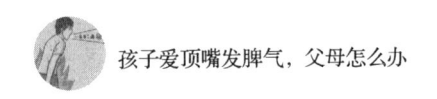

不和孩子置气，反面教育不如正面引导

有位妈妈就遇到了这样的困惑：

她的女儿上四年级，性格活泼，讨人喜欢，但就是不知节俭，对什么都不珍惜，刚买回来的衣服，穿几次就扔了，买回来的食物，吃几口也扔，对家人长辈也很冷漠。为此，妈妈很伤脑筋。

一天晚上，她和丈夫商量，一定要好好教育女儿，没想到，她准备的一系列"惩罚"措施受到了丈夫的阻挠，他告诉妻子，打是没有用的，不妨对女儿进行一次"忆苦思甜"教育。妈妈觉得有道理，就买了两张票，陪女儿去看芭蕾舞剧《白毛女》。

看完回家后，妈妈问女儿有什么感想，女儿想都没想就说："喜儿去当白毛女，我看是让她爸逼的。借债还钱本来就是天经地义的事，杨白劳借了黄世仁的钱，为什么不早点儿还给人家，逼得女儿躲进山里？喜儿也够傻的，黄世仁那么有钱，嫁给他多好，干吗要到深山老林去当白毛女？"

听完女儿的回答，妈妈目瞪口呆，"这孩子怎么会有这样的想法？"事后，她和丈夫在谈到这个问题时，依然不敢相信那些话是从女儿嘴里说出来的。

她回想自己小时候看《白毛女》电影的心情，为喜儿流了那么多眼泪，恨死了黄世仁，可今天同样的故事，孩子怎么看不懂呢？

到底该怎么办呢？孩子是打也打不成，骂也骂不得，文化教育也是无效。此时，丈夫对她说，孩子不懂历史，又没有体验，她不知道今天的好日子是怎么来的，当然会产生这么幼稚的想法。

于是，这天晚上，孩子的妈妈和爸爸都放下手头的事，协同爷爷奶奶一起，谈起了那个艰苦年代的生活，刚开始，女儿有点不耐烦，但听到后来，女儿越听越有兴致，听完后，她说："我终于知道妈妈为什么带我去看舞剧了，也明白奶奶为什么那么节约了，我以后也绝不乱花钱了。"

听到女儿这么说，夫妻俩相视一笑。

这个案例中这对夫妻的教育方法是正确的，当孩子有大手大脚、浪费的生活习惯时，他们并没有选择与孩子置气的方法，对孩子进行打骂教育，而是寻找更为积极的方法，在前一种方法行不通的情况下，他们便让孩子了解历史，了解父母所经历的风雨，继而让孩子了解到父母的良苦用心。

我们不能否认，每一个孩子的成长都不可能不带任何问题，面对孩子行为方式上的偏差，一些家长运用传统的打压方式，或者和孩子置气，企图通过这种方式来纠正孩子的错误行为方式和观念，然而，很多时候，他们得到的是事与愿违的结果。

孩子毕竟是孩子，他们也会从家长的行为中获得信息反馈，进而给出应对措施，如果你总是言辞训斥，或者声泪俱下唠叨，久而久之孩子就不吃你这一套了。我们的这种教育只会让他感到恐惧和心烦，或者与父母对抗。

许多孩子身上的毛病，如撒谎、顶撞、冷漠、暴力等，很多时候就是父母简单粗暴的管教方式下的产物。有时候，我们对孩子言辞粗鲁，脸红脖子粗，滔滔不绝，结果他也愤怒，越说越僵，双方都气急败坏，最后不仅教育的目的没有达到，还破坏了做事的心情，很多的时间也都耽误了。更可怕的是，下次再有类似的事情，孩子根本不愿意与你沟通了，家长和孩子之间的障碍就是这样形成的。

可能很多父母认为孩子不懂事，不理解父母甚至不听话，但你真的了解孩子吗？他们与我们有着不同的成长环境，又怎么能要求孩子与我们有同样的行为习惯呢？而要改正孩子的行为和观念，强行压制是没有用的，正确的方式是根据孩子的具体情况进行巧妙引导。

首先，家长应该有这样的意识，孩子是孩子，我们是我们，这是两码事。虽然孩子的思维和心理发展还不成熟，但他拥有和成年人一样的人格尊严。但是，尊重不代表同意、支持，更不是全盘接受。尊重不等于放任与放纵，更不是放弃，尊重是允许对方以不同于自己的方式存在。在遇到分歧时，我们不妨按以下三步来试试：

第一，先听听孩子的意见，看他的看法是否合理；

第二，先进行讨论，可以相互妥协，各让一步；

第三，如果双方意见统一了，就按照约定去做，如果不统一，要讲道理，有的问题也可以先搁置一边。

另外，在与孩子沟通时，需要注意：

（1）注意场合和时间。与孩子交流感情的时候，最好是在睡觉前，这是孩子心情最为平稳的时候。

（2）创造和谐的沟通氛围。和谐的气氛永远是与孩子沟通的最好添加剂，要专心听他们的意见和看法，要理解他们的情感和需求。

（3）平行的对话艺术。聪明的家长与孩子谈话时，并不总是正面对着，而是并肩同行，朝着一个方向，这样谈起话来显得轻松、自然、有人情味，孩子愿意听，也乐于接受。

给予孩子话语权，听听他们想说什么

所有的父母都爱孩子，但不是所有的父母都能教育出出色的孩子，其中重要的原因之一就是父母无法走进孩子的内心世界，无法和孩子进行良性沟通，很多亲子间的矛盾就是这样产生的。之所以造成这样的结果，主要是因为很多父母没有认识到，孩子是一个独立的生命体，而不是你生命的延续。很多家长在浅意识中把孩子看成自己的附属品，甚至是替代品，在沟通中，也就无意识地剥夺了孩子的话语权。

家长漠视孩子的感受，不给他们发言权，时间一长，要么孩子会放弃说话的权利，要么会变得敏感、暴躁，后者就是很多孩子与父母对抗的原因之一。而那些尊重孩子的父母，在孩子很小的时候，他们就懂得蹲下来和孩子说话，注视着孩子的眼睛，认真聆听他们的意愿，与孩子商量办法，共同决定孩子的生活。这样的孩子，从小就有一种存在感，因为他们得到了父母的重视，他们在人际关系中有自信。因此，话语权就算是对不懂事的孩子，也是非常重要的。

我们先来看下面的故事：

方女士在一家事业单位上班，工作严谨认真，这造成了她沉默呆板的个性，而她的女儿却是个活泼、叽叽喳喳的女孩。

在女儿上初三那年，许是觉得自己已经长大了，她常要求跟妈妈"平等对话"。

有一天，女儿双手拉着妈妈的胳膊，神秘兮兮地将她拉近了自己的房间。

"什么事啊，干吗这么神秘？"妈妈不解地问，"搞什么鬼啊？"

"妈，我问你件事。"女儿关上房门，悄声对妈妈说。

"有什么话不能大声说啊？"妈妈更不耐烦了，觉得一家人之间用不着藏着掖着。

"是我们女人之间的事儿，别让我爸听见了。"女儿压低声音说。

"快说,有什么事?"

"妈,你在中学时有没有喜欢过男孩,有没有男孩喜欢过你?你当时什么感觉,是怎么处理这样的事情的?"

"你是不是早恋了?快跟我说说是怎么回事,怎么突然问起这个问题?"妈妈有些着急地问女儿。

"你先回答我的问题,然后我再告诉你。"

"这种事情我怎么能跟你说呢?你还是孩子,还不懂。快跟我说,你是不是早恋了?"妈妈有些恼火,急不择言地说。

"你不说就算了,我也不想跟你说了。"女儿脸上没有了笑容。

"你快跟我说,你要急死我啊?"不懂女儿心思的妈妈,并不知道女儿内心情绪的变化。

"你出去吧,我要写作业了。"女儿将妈妈推出房间,关上了门。

女儿和妈妈谈及一些女性的话题,其实是在寻找一个同性的榜样,或者说一个人生的同路人,希望获得成长和前进的心理能量,获得情感上的支撑力量。可是,妈妈却拒绝坦诚地与女儿交流,堵住了母女间良好沟通的路径。

作为父母,如果希望你的孩子向你敞开心扉,你就必须给孩子话语权,但给孩子话语权,并不是命令孩子:"告诉我!"而是应该把孩子放在与自己平等的位置,以朋友的身份鼓励孩子说，让孩子表达内心的真实想法与感受，在这个基础上，父母才有可能有的放矢地对孩子进行教育。

除此之外，给予孩子话语权，还需要父母做到：

1. 用心倾听是最好的交流

很多时候，父母可能忽视了孩子的真正需要，他们需要的不是教训，而是父母的理解和倾听。而事实上，很多父母却常常不问事情的青红皂白，就对孩子进行一通语言的狂轰滥炸。例如，这样对话，"什么？你在学校又犯事了？"孩子解释说，是老师冤枉了他，结果你根本不理会孩子的解释，接着训斥："没犯错误老师能冤枉你吗？那么多学生为什么要冤枉你一个啊？还敢撒谎！"孩子听到你的话之后，原本还想解释什么，但他现在不说话了。其实，孩子这时候最需要的是你的一个拥抱，一个肯定的眼神。但你的否定却让孩子退缩了，他原本希望你是他的避风港，却发现自己遭到一番教育，甚至成为父母的撒气筒，如此这般，孩子还愿意和家长沟通吗？给孩子倾诉的机会，让孩子宣泄心中的郁闷，这对孩子的心理健康是非常重要的。

2. 及时回应，适当引导

我们说，倾听很重要，并不是不要家长说话。交流、交流，需要双方有来有往，那么，在很好地倾听后，我们怎样给孩子回应呢？

更多的时候，我们要用适当的语言同理孩子的情绪，也就是认同孩子的情感。比如说，"看起来你很生气。""你有点控制不住自己了是吗？""听起来你很失望，真是不走运。""哦。""我明白了。"或者说："真有意思，要是我当时在场就好了，后来呢？"启发孩子说下去。

有些时候，我们听孩子说完之后就完了，但有的时候，为了解决问题，也可以给孩子一些建议。

不过，给建议也是要讲方式的，一个原则就是，尽力少用自己的嘴巴给孩子建议，而让孩子自己分析并找出办法。家长说得多了，孩子未必能听得进去，经过自己思考得出的结论，才会真正成为他自己的经验。

第 7 章
从克服变成习惯,让孩子拥有完美的情绪自控力

在日常生活中,我们每个人都有情绪,孩子也不例外,任何人,如果不能很好地调节并保持情绪平稳,势必会陷入一种痛苦的泥潭之中。而对于成长中的孩子来说,如果他们善于管理情绪,会更容易保持平静和愉快,即使遭遇低潮也会乐观地应对,能承担压力,成为自己生活的主宰。他们容易理解别人,能够建立和保持和谐的人际关系,即使与人产生矛盾,也能有气度地以建设性的方式解决。这样的能力,决定了孩子一生的幸福和成功。因此,作为父母,我们在日常的家庭教育中,要有意识地锻炼孩子的情绪自控能力,从克服坏脾气开始,逐步养成好习惯,进而使其拥有完美的情绪自控力。

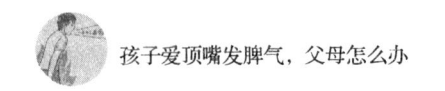

言传身教，父母要提升自身的情绪调控力

在教育孩子这一问题上，中国人常说"言传身教"，这句话强调家长的言行对孩子的影响，而在情绪自控上也是如此。任何家长，想要教育出修养好、性格好的孩子，首先要提升自己的情绪自控力，并且要教会孩子学会控制坏脾气。

教育心理学专家指出，在处理情绪问题时，很多父母做不到言行一致，他们告诫孩子要如何处理情绪，但是自己却任由情绪宣泄，甚至还将孩子当成宣泄的对象，久而久之，孩子就对父母失去了信心。父母是孩子最亲近的人，父母自身的情绪调控能力如何，对孩子的情绪起着至关重要的作用，也就是说，父母情绪化会对孩子造成超乎想象的危害。

朱先生这天在单位被领导骂了，心情很不好，晚上回到家，他看到妻子还在看电视却没有做饭，心情更糟糕了："小贝一会回来饿了怎么办？你怎么不做饭？"

"晚上就随便吃点，不着急。"妻子头也不抬，回了一句。

朱先生一听更生气了："你别总是为自己的懒惰找借口，我一天那么忙，想吃顿可口的饭菜怎么那么难，你一天在家就知道看电视、买东西。"

夫妻俩吵了一会儿，小贝回来了。

"爸妈，我饿了，怎么还不做饭？"小贝看见爸妈没做饭，还在吵架，就不高兴了，一把把门摔上，自己看书去了。

"这孩子怎么了，现在怎么脾气这么坏了？以前可不是这样，我去跟她评评理，这是什么态度！"朱先生很生气，正想冲进女儿的卧室，教育女儿一下，被妻子一把拉住了。

"其实都是我们俩的问题，我们情绪不稳定，孩子在这样的环境下生活，怎么能做到心平气和……"朱先生觉得是这么个理儿，火也就消了。

生活中，我们常常评价一个人情绪化，指的就是喜怒无常，刚才还和风细雨，这会儿又雷电交加。如果父母是情绪化的人，那么，在父母的影响下，孩子也会缺乏安全感，长期处于这种压抑环境下的孩子会变得胆小懦弱、自卑内向，也很有可能和父母一样喜怒无常，令人不敢接近。

根据美国华盛顿大学心理学教授约翰·高特曼的追踪调查发现，父母扮演情绪教练的孩子，比较有能力处理自己的情绪，挫折忍受度高，社交能力和学业表现也比较杰出。提高孩子的情绪能力，已成了现代父母的必修课。

为此，父母最好这样言传身教，提升孩子的情绪管理能力：

1.引导孩子认识情绪和表达情绪

通过亲子之间的对话让孩子正确认识各种情绪，说出自己心里此时此刻真实的感受。只有知所想，才能知何解。平时，父母可以在自己或他人有情绪的时候，趁机引导孩子知道"妈妈好高兴哦""嗯，我很伤心"等，让孩子知道原来人是有那么多情绪的，还可以通过句式"妈妈很生气，因为……""我感到有点难过，是因为……"来告诉孩子自己的情绪来源，同时也可以问孩子，"你是什么感觉啊？""妈妈看见你很生气、难过，能告诉我发生了什么事吗？"通过这种对话来引导孩子表达自己的情绪及发现自己情绪产生的原因，有利于提高孩子的情绪敏感度。

2. 向孩子坦诚你的情绪和感受

当你坦诚地说"妈妈明天要上台做报告，觉得很紧张"时，孩子学会"有情绪是人之常情"；当你遇到挫折，对自己说"没关系，只要我冷静下来想清楚，一定有办法克服"，孩子了解到"自我对话的重要性"；当孩子手中的气球不慎飘走了，你高兴大喊："你看，气球妈妈在呼唤它了，赶快和气球说再见！"原本悲伤的孩子就会发现"转换情绪带来的惊奇"。

3. 在孩子面前展现自己处理坏情绪的方法

孩子通过观察、模仿，不断吸收父母的情绪风格，因此，在孩子面前适当表现你的情绪益显重要。偶尔和孩子分享自己如何从错误中学习的往事，也有助于拉近亲子之间的距离。

当然，这需要一个循序渐进的过程，在父母正确引导下的孩子，往往情商比较高、人际关系更好，因此，父母都要做到言传身教，让孩子在耳濡目染中提升情绪管理能力。

用自己的经历告诉孩子遇到不平事应该怎么做

一天傍晚，妈妈在厨房做饭，儿子从学校回来了，一声不吭地进了房间。

妈妈看到后，觉得不对劲，就放下手中的活儿，敲了房门进来。

"妈，你能不能想想办法让我转学？"看到妈妈，儿子这样说，语气中还夹杂着愤怒。

"怎么了？为什么好好的想转学呢？"妈妈询问。

"没什么，就是不想在这个学校上学了。"儿子还是不肯说。

"我的好儿子，妈妈知道你肯定遇到了让你不开心的事，其实妈妈像你这么大的时候也有很多烦恼，尤其是在学校，如果你相信我的话，可以告诉我，也许我能帮你出出主意呢。"

"好吧，我告诉你，我发现我们班老师真的太偏心了，昨天我和王凯一起做值日，明明是我们一起干活的，老师说地没扫干净，但只点名说我，却不说王凯，就因为他成绩好，我成绩差吗？想想就来气，怎么能这样？"儿子一边说一边掉

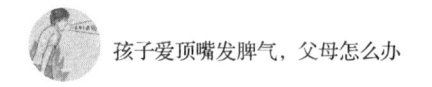

眼泪。

"竟然有这样的事,你受委屈了,怪不得你说要转学,如果换成我,我也会很难受,但是你知道吗,儿子,转学了,这种事也未必不会发生,最好的方法你知道是什么吗?"

"不知道,我要怎么做?"

"就是用成绩来证明自己,证明学习成绩差,一样有潜能,证明只要努力,就是好学生。"

"是啊,以前我也觉得成绩差没什么,现在才发现,就连老师都不愿意相信我,看样子我是该努力了。"

"对呀,其实妈妈在初中二年级之前成绩也很不好,我们班那些成绩好的女生都不跟我玩,好像瞧不起我似的,后来我就努力学习,最后赶超了她们,让她们对我刮目相看。"

"嗯,我知道怎么做了,妈妈。"

案例中,这位母亲的引导方法值得我们学习,当孩子遇到不平事时,她并没有一味地指责孩子不懂事,也没有说老师不对,而是通过讲述自己的经历,告诉孩子应该怎么做——把精力转移到学习上。

可能不少家长认为,只有成人的世界才有不平事,如职场、商场等,而其实并不是,例如,在一个班级里面,那些学习上的尖子生,老师就会认为他们在其他方面也是优秀的,并对他们抱以很高的期望。在这种激励下,他们的表现会越来越好,而那些学成绩差、调皮的学生,就会受到老师的冷落、同学们的孤立等。

现实生活中，很多孩子在学校都遭遇了这样不公平的待遇，他们回家后，会向父母抱怨，认为老师偏心，那些成绩好的同学即使犯了错也会被老师一笔带过，而成绩一般的同学犯了一点无心的过错也会被老师批评。其实，孩子这样的心态，很容易让他们对老师产生逆反心，对于搞好师生关系很不利。对此，家长要帮助孩子正确认识"不公平"。

具体来说，可以从以下几个方面入手：

首先，应让孩子不要总是提及别人，不要总是将注意力放在别人身上，而应该学会关注自己，这样，就不会因为比较而出现不公平的心态了。

其次，让孩子多关注生活中快乐的事。这时，孩子就会发现，心情豁然开朗。生活中的诸多快乐正一件接一件迎面而来，即使不是一个好天气，你都会感受到内心的喜悦。

最后，可以告诉孩子自己曾经是怎么做的，这样，孩子找到了行动的榜样，自然就不会感到愤愤不平，也不会感到迷茫了。

总之，我们要告诉孩子，一定要学会摆正自己的心态，要注重自己的生活，而不要把眼光放在他人的表现上，否则，只是徒增烦恼而已。

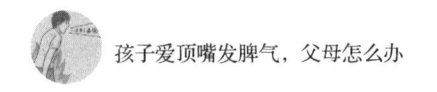

让孩子学会认识和表达自己的情绪

我们都知道,人都有情绪,情绪的种类有很多种,如愤怒、恐惧、悲伤、快乐。我们的孩子也有情绪,从呱呱坠地开始,他们就懂得通过情绪来表达自己的需求。比如,襁褓中的婴儿会用哭泣来表达自己饿了,婴儿会用不理父母来表达自己生气了等,只是有些孩子表达的方式比较温和而有的比较强烈。父母的责任,就是教孩子学会调节情绪,找到科学的疏导方法。

无论是成年人还是孩子,不可能总是快乐无忧,我们都希望能够帮助孩子学会调节自己的情绪,使之向快乐的方向转化。相对于成人来说,孩子的喜怒哀乐通常是很真实的,往往直接支配着他的行为,无论是快乐还是悲伤,他们都会挂在脸上,而在我们成人看来一件很小的事,可能就会引发他们强烈的情绪波动。

有研究表明,孩童时期具有的情绪调节能力,是他们以后生活中能否成功、是否快乐的最好预示。孩子在成长过程中,学会管理自己的情绪对他的人生幸福至关重要。其实,孩子在每一天的生活中,不但会体验快乐,也会有挫折、后悔、孤单的感觉。有些孩子一旦受到挫折,感到难过,就习惯用很暴力的方式发泄,不但给其他人造成困扰,也影响自己的人际关系。这很可能只是因为他不知道该如何适当表达和分享自己的感受。

教孩子认识自己的情绪和感觉，是自我情绪管理的前提。认识自己的感觉，这是管理自我情绪的第一步。因为从儿童心理发展的角度来看，情绪体验越多、越丰富，越能帮助孩子实现心理成熟。对于孩子来说，每一次强烈情绪的经历，都是一次宝贵的经验。如果我们允许儿童完整地体验自己的情绪，接纳并认可自己的感受，有助于提升他们对事物的认知能力，有助于他们提炼经验，有助于他们以后在遇到同类事情时给出最好的处理方式，以此帮助他们获得自信。

相反，假如我们不允许甚至遏制孩子体验或表达情绪，并非意味着他们面对同样状况时就没有情绪了；我们只是暂时地压抑了孩子的情绪。孩子也会感受到自己这些情绪是可憎的，甚至认为自己是可憎的。然而他缺乏控制情绪的能力和经验，强行忍受着内心的煎熬，绝望地感到自己无能为力，从而产生自卑。孩子将来长大了，面对内心依然会产生的强烈情绪反应，会感到不知所措，也会感到羞愧难当；既不知道怎样表达，也不知道怎样处理。压抑久了，会导致各种心理问题。

帮助孩子认识和表达情绪，我们可以遵循这几个步骤：

1. 教孩子学会表达自己的感觉

在日常生活中，父母可以多和孩子聊天或适时问孩子："你现在是什么感觉啊？""你喜不喜欢？""什么事情让你这么生气？"还可以通过讲故事、编故事、角色扮演等游戏教给孩子疏导情绪的方法。有时还可以通过交换日记、写纸条的方式说说高兴和不高兴的事。如此一来，孩子也就逐渐学会如何用"讲道理"的方式表达自己的心情。

2. 教孩子学会表达情绪

当孩子生气发飙或闷闷不乐时，父母千万不要因而动怒，"你再哭我就打你"这样的惩罚，既无法制止孩子哭闹也无法让孩子学会如何疏导不良情绪。父母要懂得利用此机会，教孩子几招调节不良情绪的好方法，引导孩子适度发泄。

（1）教导孩子用语言表达怒气。研究证明，语言发展较好的孩子，遭受到的挫折感也比较少，因为他们懂得用语言表达自己的需要，所以容易被满足，而且当他们说出自己生气或难过的原因时，不仅有助于情绪宣泄，也能获得他人的理解和安慰。父母可以在孩子生气、难过的时候，教导他们用语言而非肢体表达怒气。

（2）教孩子转换思维。如果孩子陷入某种负面情绪里，通常是因为"想不开"，此时，父母可以引导他想些好事情或让他发现原来事情没有这么糟。孩子能够学习从不同角度和方向思考，进一步也就可以用有创意的方式想办法摆脱困境。

（3）带着孩子放松心情玩一玩。压力是孩子心情不好的来源之一。可以教孩子做做伸展体操，或是用力画图、用力唱歌，让他体会这些"用力动作"对解除紧张情绪的作用。下回他就能有更多选择来调节自己的不良情绪了。

（4）教孩子换个角度看自己。当心情不好或遭遇挫折的时候，孩子很容易会对自己产生负面的看法，觉得自己真的很差劲，这时父母可以提醒孩子，他曾经在其他方面表现得很好。让孩子时常记起自己成功的经验，可以帮孩子找回自信，相信自己可以克服困难，也更愿意去接受挑战。

最后，要帮助孩子建立自信心，因为自信的孩子更容易获得快乐的情绪。父母应该经常多鼓励、多赞美孩子，增强他们的独立性、进取心。

的确，孩子的成长并不是一个直线上升的过程，而是呈波浪式上升的。孩子的情绪发展也是如此。面对孩子情绪波动期的无理取闹和火爆脾气，父母要多理解，教给他们调节情绪的方法。拥有良好情绪、健康心态的孩子，在将来的生活中更容易获得幸福和成功，这就需要我们尽早地关注孩子良好情绪的建立与培养，因为培养、建立良好的情绪是他们走向成功的第一步。

帮助孩子正确面对不安的情绪

随着孩子生理的变化与成熟，出现成长中的烦恼是正常的。毕竟，孩子的情绪自控能力不如我们成年人，对此，父母要帮助孩子正确面对情绪上的不安，这样，孩子的情绪会慢慢变好的，并能快乐地成长。

孩子有以下一些异常状况时，父母就应该注意，你的孩子可能已经产生了不安的情绪，这时，你应该采取一些措施了：

第一，如果你的孩子看起来很痛苦、难过，请花更多的时间和他在一起，并确保他睡眠充足。

第二，认真对待他的担忧，即使那些担忧在你看来无足轻重。

第三，及时告知他事情的变化及做出的决定，以便他感觉到没有失去控制。保持生活的常规不变，以强化他的安全感。

第四，给他以情感上的支持并不是一件轻松的事情。多注意休息，以保证你有足够的精力持续地为他提供情感支持。

第五，留意孩子可能出现压力的迹象，如作业做得越来越糟，行为上出现变化，去医护室，变得更加不愿与人交往，动不动就哭，对批评过于敏感，上课时离开课堂去还书或者如厕，毁掉自己的作品等。

面对压力，孩子可能比成年人更加迷茫而不知所措，家长应该告诉孩子该有意识地放慢生活节奏，沉着、冷静地处理各种纷繁复杂的事情，即使做错了事，也不要责备自己，这有利于人的心理平衡，同时也有助于舒缓人的精神压力。勇敢地面对现实，不要害怕承认自己的能力有限而不能正确处理事务。

同时，父母要鼓励孩子要广交朋友，经常找朋友聊天，推心置腹的交流或倾诉不但可以增强人们的友谊和信任，更能使人精神舒畅，烦恼尽消。

第六，密切注意孩子身体上的变化。比如，当你的女儿开始为月经、乳房感到担忧，当你的女儿开始越来越爱美，你发现儿子长高了、有喉结了等，你应该高兴，这表明你的孩子已经长大了。但你更要注意孩子情绪上的变化，如果你的孩子长时间地难过或者郁郁寡欢，超出了你的预期，或者变得富有攻击性，离群索居或者不愿与人交往，睡眠不安，出现胃疼或者其他疼痛症状，特别口渴，体重减轻，注意力不集中，或者过分依附他人，这时，他可能正感到痛苦难过，你需要对此采取一些行动。这些不安会影响到到孩子的学习、生活甚至可能引起心理疾病，你不妨：

（1）找时间与孩子聊聊；

（2）教会孩子一些成长知识，告诉他成长中必然存在的烦恼；

（3）告诉孩子一些排遣身体不适带来的烦恼的方法，如静静地听轻音乐，让优美的乐曲来化解精神的疲惫。轻快、舒畅的音乐不仅能给人美的熏陶和享受，而且还能使人的精神得到有效放松；向家人或好朋友倾诉；多微笑，开怀大笑是消除精神压力的最佳方法，能让人忘掉忧虑。

造成孩子情绪不稳定的因素有很多，包括：孩子同与其亲密的人或者事物的分离，任何改变他的自我看法或者改变人们对他的看法的事情；以及导致固有规律改变的生活常规或者家庭关系方面的变化。但青春期有其独特的烦恼，也会让孩子

孩子爱顶嘴发脾气，父母怎么办

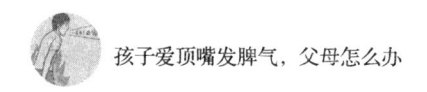

不安。

我们教育孩子的目标之一，就是要帮助孩子管理自己的情绪，孩子面对不安时，我们要告诉他面对烦恼最重要的是如何正确地来看待它，首先自己要有一个豁达乐观的心理。要藐视压力也要重视压力，要随时做好面对压力的准备，不要给自己太大的心理负担。其次可以用一些减压的方法。这样，你的孩子一定能减轻不安的情绪，振作精神，心情舒畅，身体健康，从而以良好的心态努力学习！

训练孩子良好的情绪自控力，将克服变成习惯

1661年，正是康熙大帝继位之年，当时的爱新觉罗·玄烨才八岁。

玄烨幼年登基，虽然有持重之才，但担负起国家的重任还有些困难，尤其是当时以鳌拜为首的辅政大臣，利用玄烨年幼、孝庄太后一介女流之便掌握朝政大权。

在朝中，他们结党营私，玩弄权术，骄横跋扈，不把小康熙放在眼里，连孝庄太后也只好隐忍。

康熙帝几次想严惩鳌拜，但无奈实力还太弱，如果贸然行事，一定会打草惊蛇，坏了大事。因此，康熙把怨气与怒气埋在心里，一直积蓄力量。

终于，他等来了时机，1669年，年满16岁的康熙羽翼丰满，发动攻势，一举剿灭了鳌拜一伙。之后，他又平定"三藩"，收复台湾，击退沙皇俄国的入侵，开创了一代盛世。康熙成为我国清朝时期著名的皇帝。他在位时，清朝的政治逐渐稳定，国力逐渐强大。

康熙帝当时还是一个年幼的男孩，如果当时他不是用理智战胜了愤怒，把怨气压了八年，恐怕早就被鳌拜害死了，哪里还有后来的"康乾盛世"。从这里，我们可以看出，良好的情绪自控能力对一个人成长的重要性。

而现代社会的孩子，也要有这样的自控力，这需要我们在日常生活中对孩子进行逐步引导，让孩子从克服自己的坏脾气开始，并逐渐形成习惯，具体来说，父母可以这样做：

1. 作为父母，自己首先要对生活有一种乐观的态度

父母是孩子的模范，孩子的情绪受父母行为的直接影响，与孩子相处时，父母必须乐观一点。当孩子有挫折感的时候，只有积极乐观的父母才能成为孩子依靠、慰藉的港湾。

父母首先要学会管理自己的情绪，不把不良情绪带给家庭和孩子，要塑造出一种安全、温馨、平和的心理情境，用欣赏的眼光鼓励自己的孩子，让身处其中的孩子产生积极的自我认同，获得安全感，让其能自由、开放地感受和表达自己的情绪，使某些原本正常的情绪感受不因压抑而变质。

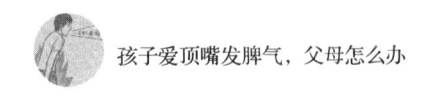

2. 给孩子一个祥和的家庭氛围

"你滚吧！想去哪里就去哪里！"这是家庭冲突爆发时，家长对孩子常说的一句话，父母与子女双方唇枪舌剑，互不相让。有些父母利用孩子依赖性强的特点，动辄就用这句话来恐吓孩子，发泄心中的不满。不少任性要强的孩子，实在无法忍受父母的嘲讽而被迫离家出走，这些无疑是孩子产生一些坏心态的源泉：消极、悲观、自卑、浮躁、骄傲、自大、贪婪、偏执、嫉妒、仇恨等，它们就恰似愁云惨雾的阴霾，浓烟滚滚的烈焰，消磨孩子们的意志，炙烤孩子们的心魂。

而相反，相互关爱的家庭，孩子会多一份责任感，会体会到家长的艰辛，这样的孩子往往是积极向上的。

3. 相信孩子

要让孩子喜欢自己，家庭要给孩子认同感。在教育孩子学会乐观地面对人生时，除了多与孩子交流，培养孩子的自信心之外，还有一个很重要的方面，就是首先父母要相信自己的孩子，给予鼓励和支持。更重要的是要帮助孩子进取，克服一些他现在克服不了的困难，只有这样，才能教会孩子以正确的态度和措施保持乐观。

4. 教育孩子正确对待与他人的摩擦

在多数情况下，孩子不良心态的出现是在与人发生矛盾时产生的，比如说仇恨，这时的孩子会对自己受到的伤害有一种宣泄反应，如东西被他人偷走、走路不小心被他人撞倒等，往往就会记仇。父母应教育孩子以善良之心看待与他人的摩擦，让孩子明白生活中难免会发生不愉快的事情，让孩子学会宽容他人的过失，不要为这些小事而嫉恨别人。如果孩子与他的小伙伴发生了矛盾，父母也千万不能劈头盖脸地训斥一通或袒护自己的孩子，而要耐心地对孩子进行说服教育，教孩子用谦让的态度来解决小伙伴之间的纠纷，并应明确表态。孩子一般都有害怕失去父母的爱、害怕失去小伙伴的心理，这样就会促使孩子改掉自己的不良言行。

第 8 章
堵不如疏,引导孩子学会正确表达和发泄坏情绪

我们都知道,快乐的心情可以成为事业和生活的动力,而恶劣的情绪则会影响身心的健康,对于孩子来说,他们只有带着快乐的心情,才能健康成长。然而,在成长的路上,他们也会遇到这样那样的不快,此时,作为孩子成长路上的后盾,父母就要引导孩子,帮助他们排解和发泄坏情绪,只有帮助孩子将这些负面情绪宣泄出去,他们才能带着一份好心情重新上路!

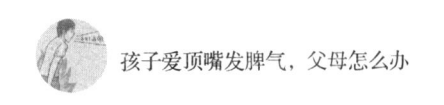

鼓励孩子要尊重别人

这天,正是午休时间,爱听歌的王刚一边走路一边看手机上的歌词,耳朵里还塞着耳机,一边哼着歌一边摇着头,就这样,与姚亮撞在一起。

姚亮斜睨了王刚一眼,怪声怪气地说:"好狗不挡道。"

王刚瞪大眼睛,气愤地回应:"你!没长眼啊?"

姚亮嗓门也很高:"你才没长眼呢!"

王刚更是扯着嗓子喊:"你眼瞎了啊!"

姚亮向前一步嚷:"你才瞎了呢!"

两个人脸红脖子粗,谁也不肯道歉,最终动起手来,姚亮冲动地把王刚打伤了。看着受伤的陈丁,姚亮后悔不已,吓得不知道该怎么办才好。老师还把他的父母请到学校来了,姚亮的爸爸妈妈很通情达理,看着委屈的儿子,并没有指责儿子,反倒安慰起来。

"爸妈,我该怎么办呢?帮帮我吧!"

妈妈问姚亮:"孩子,你真的知道自己错了吗?以后再发生这样的事情你知道该怎么做吗?"姚亮忙不迭地点头。

"那你跟妈妈说说你该怎么做?"妈妈问姚亮。

"要注意礼貌,撞到别人,要说'对不起',而不是出口成脏。"姚亮对妈妈说，妈妈听完，欣慰地点了点头。

姚亮和王刚之间发生矛盾并且最终大打出手，主要是因为不懂得互相尊重，可见，是否文明礼貌直接关系到孩子的人际关系。

要知道，一个想要得到自尊的孩子，必须先尊重别人。自尊是自己争取的，而不是别人给的，家长在让孩子克服以自我为中心和任性、蛮横行为的同时，也要防止矫枉过正，注意在日常生活中对孩子进行正确的引导和鼓励。

我们只有教育孩子学会尊重他人，才能随时避免因坏情绪的产生而给自己和他人带来烦恼，具体来说，家长可以这样做：

1. 把尊重别人作为家庭价值观甚至是一种制度来让孩子从小履行

这样，孩子就会把尊重当成一种习惯，即使在遇到困难和折磨时，也不会抛弃这一观念。

家庭价值观是指父母双方都遵从的，并且渗透到家庭日常生活中的价值观念，如尊重。家庭价值观对孩子有十分强大的影响力。但是当把这些价值观念强加给孩子时，他会拒不接受，只有家长持之以恒地言传身教，并且不断地鼓励孩子，他们才会接受。

能够对孩子的观念产生最有意义的影响、最重要的家庭价值观是有关社会价值方面的，这种有关社会的观念关注的是人

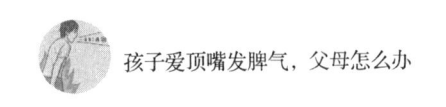

的价值和人与人之间的关系，那些懂得尊重别人的孩子往往是受了以下家庭价值观的影响：

（1）所有的人都是有价值、有意义的个体，都值得尊重；

（2）每个人都应该富有协作精神；

（3）尊重别人非常重要，要关心别人，为别人作贡献，理解、接受和尊重来自不同家庭和背景的人；

（4）摩擦和冲突是不可避免的，而且可以通过友好文明的方式加以解决。

2. 在尊重他人方面做子女的表率

为使孩子成人、成才，许多家长视孩子为自己的私有财产，"望子成龙""望女成凤"心切，对待孩子或溺爱姑息，或简单粗暴，这容易使孩子的心理产生扭曲。作为家长首先要尊重孩子，努力创设家庭的民主氛围，这是父母为孩子应尽的义务。同时，不能一味地讲家长权威，要注意和孩子进行思想交流与情感沟通。

3. 孩子也需要父母的尊重和信任

这就要求家长对孩子的感受表示理解和关心。每个人都有感情，而且有时会感到迷惑或痛苦。要努力理解孩子的感受，而不要由此对他们形成什么判断或者试图改变他们，帮助孩子感觉到自己被接受、被尊重，相信他们能够为今后生活中的困难做好准备。

4. 培养孩子从小就知道文明礼貌

文明礼貌是中华民族的优秀传统，是人们在日常人际交往中应当共同遵守的道德准则。与他人交往时，和悦的语气、亲切的称呼、诚挚的态度等，会使孩子更加友好、尊重别人，俗话说："良言一句三冬暖，恶语伤人六月寒。"因此，文明的谈吐和行为是孩子具有良好修养的表现，讲文明礼貌能促进孩子和别人之间的团结友爱，是沟通孩子与他人之间情感的道德桥梁。

5. 教会孩子一些初步的礼仪知识

家长应该从小教导孩子学习一些礼仪知识，这也是文明行为，包括见面或分手时打招呼、握手，与人交谈时眼神、体态和表情要体现出对对方的尊重，久而久之，孩子就会认识到如何待人接物了。

总之，培养孩子尊重他人的这一意识，需要父母从日常生活中的细节入手，不要让孩子出言不逊、恶语伤人，失礼不道歉，无理凶三分，更不能在骑车撞倒人后扬长而去，乘车争先恐后，在公共汽车上见到老人或抱小孩的妇女不让座……防微杜渐，是培养孩子良好素质的最佳方法。

孩子爱顶嘴发脾气，父母怎么办

鼓励孩子哭出来，释放心中苦楚

周女士是个贴心的妈妈，她的女儿今年14岁了，对于女儿成长中的点点滴滴，她都很在意。

最近，她发现女儿好像有点不太一样，总是闷闷不乐。在一个周末，和小时候一样，母女俩又来到公园跑步，停下来休息的时候，周女士对小菲说："能跟妈妈说说你最近怎么了吗？"

"没事。"

周女士知道女儿没有敞开心扉，于是继续引导她："没关系，闺女，你不想说，妈妈也不逼你。但你这样一天闷闷不乐的，不仅影响学习，对自己身体也不好。不妨发泄一下。"

"妈妈，其实我特别想哭，真的好委屈。"女儿眼睛已经湿润了。

"哭吧，你是妈妈的孩子，想哭就哭出来，在妈妈面前没什么丢人的。"

周女士这么一说，女儿的眼泪一下子掉了下来，一边哭一边说："妈妈，我们班那个同学，竟然在我背后说我坏话，说得很难听，我又没有对不起她。有一天，我去卫生间，她正和几个女生在里面嘀咕，恰好都被我听到了，为什么她要这样对我？"

"那的确是她不对，但闺女，你想想，人生就是这样，无论我们做得怎么样，总有不喜欢我们的人，对吗？遇到这样不顺心的事，你应该暂时停止学习，因为这时候学习是没有效率的，心事还会郁结。不妨放松一下，有一些小窍门会起到立竿见影的效果，如深呼吸、绷紧肌肉然后放松、回忆美好的经历、想象大自然美景等，还可以去上网、爬山、聊天、听广播、看电视甚至蒙头大睡，这样既可以暂时转移注意力，也可以缓解大脑的缺氧状态，提高记忆力。这些方法都可以释放内心的不快。还有，哭出来也是宣泄悲伤的好方法，不过，你始终要明白，没有一个人是绝对受欢迎的，你不必太在意别人的看法。"

"谢谢妈妈，我知道该怎么做了。"

的确，在孩子和周围人相处和交往的过程中，难免发生一些不快，让孩子陷入坏情绪中，对此，父母一定要帮助孩子找一个发泄的出口，否则，很容易影响孩子的身心健康。而哭泣就是很好的一种宣泄方法。

生理学家曾用人的眼泪做过一次实验，研究发现，那些被眼泪喂过的小白兔竟然会死，这是因为人的眼泪中富含大量的毒素。可见，人在悲伤时，如果想哭就哭出来，压抑自己是不合适的。

因此，我们可以得出一个结论：哭是有益于健康的。由情绪、情感变化而引起的哭泣是机体的正常反应。我们的孩子也会遇到伤心事，对此，我们也不必压制，告诉他们不

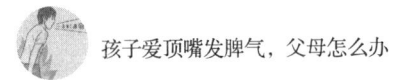

必强忍泪水，那样只会加重自己的心理负担，甚至会憋出病来。

生活中，我们发现，在难过的时候，别人可能会劝慰说："没事，笑一笑。"很少有人劝其"哭一哭"。而实际上，真正能释放人的内心压抑情绪的方法是哭泣，而不是微笑。

心理学家曾经做过这样一个实验：有这样一群人，心理学家将他们分成两组，一组是血压正常者，另一组是高血压者，心理学家分别问他们是否哭泣过，结果表明，血压正常的这些人中，有87%的人偶尔哭泣过，而那些高血压患者却说自己从不流泪。我们发现，让人类把情感抒发出来要比深深埋在心里有益得多。

心理学家克皮尔曾经对137个人进行调查，并将这些人分成健康和患病两个组。患病组内的这些人患的都是与精神因素有密切关系的病——溃疡病和结肠炎。调查发现，健康组哭的次数比患病组多，而且哭后自我感觉较哭之前好了许多。

接下来，克皮尔继续研究，他发现，人们在情绪压抑时，会产生一种活性物质，而这种物质对人体是有害的，而哭泣会让这些活性物质随着泪水排出体外，从而有效地降低有害物质的浓度，缓解紧张情绪。有研究表明，人在哭泣时，其情绪强度一般会降低40%。这就是为什么哭后感觉比哭前要好许多。

美国生物化学家费雷认为，人在悲伤时不哭有害健康，属于慢性影响。他的调查发现，长期不哭的人，患病率比哭的人高一倍。悲伤会加剧神经紧张，而当这种紧张被长期压抑而得不到释放时，便会集聚起来，最终导致神经系统紊乱，久而久之，会使身心健康受到损害，促成某些疾病的发生与恶化。而哭泣则能提供一种释放能量、缓解心理紧张、解除情绪压力的途径，可有效地避免或减少此类疾病的发生和发展。

我们应该看到哭泣的正面作用，它是一种常见的情绪反应，对人的身心都能起到有效的保护作用，因此，当我们的孩子遇到了某种打击而不知所措时，可以鼓励他先大哭一场，告诉他不要害怕别人的眼光。

教孩子掌握几点宣泄怒气的方法

任何人都有坏脾气，我们的孩子也是，父母需要帮助孩子找到宣泄坏情绪的方法。教育心理学专家建议，我们可以教导孩子学会以下方法：

1.语言暗示法

达尔文说过："人要是发脾气就等于在人类进步的阶梯上倒退了一步。愤怒以愚蠢开始，以后悔告终。"

语言是人类特有的高级心理活动，语言暗示对人的心理乃至行为都有着奇妙的作用。当不良情绪要爆发或感到心中十分压抑的时候，可以通过语言的暗示作用来调整和放松心理上的紧张，使不良情绪得到缓解。

当然，这个方法有一定的年龄限制，对于太小的孩子来说，可能无法理解心理暗示的具体含义与操作方法。而对于有一定知识基础的儿童，你可以告诉他——当你将要发怒的时候，可以用语言来暗示自己："别做蠢事，发怒是无能的表现。发怒既伤自己，又伤别人，还于事无补。"这样的自我提醒，会使心情平静一些。

2. 能量排泄法

不良情绪带给孩子的当然是负能量，此时，可以运用各种方法排解这种负能量。

比如，可以告诉孩子，当你生气和愤怒时，可以到空旷的地方去大喊几声，或者去参加一些重体力劳动，也可以进行比较剧烈的体育活动，如跑两圈、扔几个铅球等把心理的能量变为体力上的能量释放出去，气也就顺多了。

上海有位百岁老人宣泄坏情绪的经验是：一是搁置烦恼，不去想；二是和孩子们一起玩耍，感受孩子的童真；三是照镜子，看到镜子中怒目圆睁的自己，就知道自己有多丑了，不如多笑笑，我笑，镜中也笑，苦中作它几次乐，怨恨、愁苦、恼怒也就没有了。

俄国大文豪屠格涅夫曾告诫人们：当你暴怒的时候，在开口前把舌头在嘴里转上十圈，怒气就减了一半。

3. 环境调节法

大自然的景色能使人宽广胸怀，愉悦身心，陶冶情操。

你可以带领孩子到大自然中去走一走，对于调节人的心理活动有很好的效果。你可以让孩子知道，心绪不好或感到心理压力大，闷闷不乐时，千万不要一个人关在屋子里生闷气，苦恼自己。而应该走出去，到环境优美、空气宜人的花园、郊外，甚至是农村的田园小路上走一走，舒缓一下心绪，去除一些烦恼。长期处于紧张工作状态的人，定期到大自然中去放松一下，对于保持身体健康，调解身心紧张大有益处。

4. 自我激励法

自我激励是人们精神活动的动力之一，也是保持心理健康的一种方法。

你可以告诉孩子，在遇到不顺心的事而想发脾气之前，要善于用坚定的信念、伟人的言行、生活中的榜样、生活的哲理来安慰自己，使自己产生同痛苦做斗争的勇气和力量。

5. 创造欢乐法

心绪不佳，烦恼苦闷的人，看周围一切都是暗淡的，看到高兴的事也笑不起来。这时候如果想办法让他高兴起来，一切烦恼就会丢到九霄云外。笑不仅能去掉烦恼，而且可以调解精神，促进身体健康。

6. 请人疏导法

人的心情压抑时，更应该选择倾诉，而不是压抑。一味地压抑坏情绪，只能给人的身心健康带来伤害，特别是性格内向的孩子，光靠自我控制、自我调节还远远不够，可以引导孩子倾诉自己的苦恼，并给孩子以指点。

你可以告诉孩子，事情未必有他想的那么严重，也不可钻牛角尖，越是钻牛角尖，越是出不来，如果请旁观者指导一下，可能就会豁然开朗，茅塞顿开。还有一种情况，对于你来说，是耿耿于怀、难以气平的事，而别人却完全不了解、不体会。即便是这样，你把苦恼倒出来后，也会感到舒服和轻松。这时人家即使不发表意见，只是听你诉说，也会让你感到满足，而如果别人能给予理解、关怀和支持，则更是心灵上的安慰，尤其是遇到人生的不幸或严重的疾病时，更需要别人的开导和安慰。

相信以上办法能帮助我们的孩子及时排解内心的坏脾气，能以健康、积极的心态和饱满的情绪重新面对学习和生活！

告诉孩子如何抑制怒火

这天，某班上又发生了吵架事件，其实就是一件鸡毛蒜皮的事。

"你不知道他有多差劲，就知道耍酷，没什么唱功，而且衣品很差，哎。估计学校里没人喜欢他。"一群男孩子在讨论某个韩国明星,说话的是小鹏。

"你说谁差劲呢?你也好不到哪里去,除了每天研究那些无聊的游戏外,你还会做什么?"小鹏的话恰巧被刚刚路过的飞飞听到了,他和小鹏的关系一直不好,以为小鹏在说自己,于是不分青红皂白,展开了言语攻击。

"游戏怎么无聊了?你不知道每天有多少人在玩我这个游戏,估计你爸爸也在玩,你品位低下,也别说别人。"小鹏自然不肯忍让。

"你为什么扯到我爸爸,你有没有道德?"飞飞生气了。

就这样,你一句我一句,两人吵起来了,要不是同学们劝架劝得快,估计两人还要打架。

其实,这种事情在学校里经常发生,很多老师都感叹,难道男孩们一点绅士风度都没有,都不知道礼让吗?

我们知道,一个人成熟的标志之一就是能控制自己的情绪。然而,孩子毕竟是孩子,他们通常高兴了就笑,伤心了就哭,生气了就闹。在孩子的众多情绪中,愤怒是很常见的一种,孩子一旦怒火中烧,很容易做出缺乏理智甚至无法挽回的事。我们家长一定要帮助孩子控制自己的愤怒情绪,除了上一节中介绍的几种制怒方法,还可以告诉孩子运用以下几点方法:

1.冷处理

面对愤怒,选择冷处理有利于问题的解决。采取冷处理,意味着要控制愤怒的强度和持续的时间。如果你总想对付那些引发你愤怒的人或者事物,那你就无法管理好自己的愤怒。只有采取自我控制,放弃不满和委屈,才能做到冷处理,管理好愤怒。

(1)暂时走开。暂时走开可以使生气的人平静下来,但具有很强的侵略性和好斗个性的人倾向于对任何刺激都做出对抗性反应,而不是摆脱和走开,这样的性格必将导致最终的失败。

(2)转移自己的注意力。在气头上,你很容易会被冲昏了头而走上情绪的不归路,因此首要之务就是为自己的情绪降温,这话说来容易,该怎么做到呢?你可以转移自己的注意力。例如,"一、这个茶杯是黄色的……二、他穿的毛衣是黑色的……"数十至十二项物体的颜色,之后你会发现自己冷静多了。

另外,如果你因为某件事或某个人而感觉心情烦躁,无法集中注意力,就不要强迫自己做事。这时不妨看电视、听音乐或找些事情做,以转移对烦恼的过度注意。

现代社会,因为不会冷静处理愤怒而导致失败的人比比皆是,而那些会冷静处理愤怒的人永远都能站在事业的顶峰。所以,让我们一起养成冷处理愤怒的好习惯,这必将使我们受用一生。

2. 自我激励,原谅对方

激励是人们精神活动的动力之一,也是保持心理健康的一种方法。当周围的人让你生气时，你不妨自我激励，告诉自己，如果我原谅他了，我的品质就提升了一步。自然就压制住了要发火的倾向。

总之，我们要培养性格成熟稳重的孩子，就要先从帮助他们管理自己的愤怒情绪开始。

带领孩子运动起来，在汗水中排解负面情绪

曾经有位高考状元是这样看待运动的：

我是个很爱玩的孩子，也很会玩。平时，即使学习再忙，爸爸妈妈也会带我去玩，尤其是体育运动，我们全家都很爱打羽毛球。

每天早上，我会跟着妈妈去晨跑，因为起来得很早，所以刚开始我很不适应，但久而久之，坚持下来后就能看到身体真的变化了：身体素质变好了。我在高中三年都没感冒过，而且，流汗之后，你会发现自己的身体好像苏醒了，整个人也变得轻松起来，心情自然也变得舒畅了，也就能重新投入到学习中去。

现实生活中，许多人会面对工作、生活、学习等方方面面的压力，不良情绪常常不期而至。对此，有些人选择向他人发泄，有些人选择闷在心里，也有的感到无所适从。殊不知，运

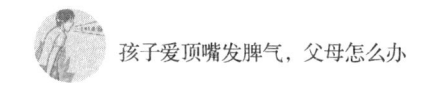

动是排解压力的一种行之有效的好方法。

同样，我们在帮助孩子排解负面情绪时，也可以运用运动法，因为生命在于运动。美国运动医学院的研究表明，正确的运动能帮你持久保持健康活力和苗条体态。

不知你有没有这样的体验：当你情绪糟糕时，放下手头的事，然后去做自己喜欢的运动，你会发现自己的情绪好多了，这是因为体育运动能缓解人的紧张和焦虑，能分散不快，帮助我们从不良情绪中解脱出来。另外，疲劳和疾病往往是导致人们情绪不良的重要原因，适量的体育运动可以消除疲劳，减少或避免各种疾病。

对于成长期的孩子来说，鼓励他们多参加体育活动的意义更大，因为体育锻炼对于改善神经系统的调节机能，孩子学习能力的提高，以及工作效率的提高，都起着积极作用。比如，孩子学习累了，到户外活动一会再回来学习，学习效率肯定会提高。这也是学校安排课间休息十分钟的原因。

体育锻炼对身体的良好作用，也是通过神经系统的影响来实现的。经常进行体育锻炼的人，大脑皮质神经细胞的兴奋性、灵活性和耐久力都会得到提高，灵活性提高了，反应也就更快了，从人体活动上看，表现出机灵、敏捷，它自然反映着大脑本体的敏锐、灵活，使学习和工作都处于最佳状态，并能坚持较长时间。经常进行体育锻炼的人，在自然环境中接受寒冷和炎热的刺激，可提高对环境变化的适应能力和对疾病的抵抗能力。

一些家长会问，那么，哪些运动适合成长中的孩子呢？

运动分有氧运动和无氧运动两种，无氧运动一般都是短时间、高强度的，对人的意义不大，弄不好还容易伤到自己。最好还是进行有氧运动，对人不但有锻炼身体的效果，而且还能调节情绪，有效地应对情绪中暑。

常见的有氧运动项目有：步行、快走、慢跑、滑冰、游泳、骑自行车等。有氧运动的特点是强度低、有节奏、不中断和持续时间长。同举重、赛跑、跳高、跳远、投掷等具有爆发性的无氧运动相比较，有氧运动是一种恒常运动，是持续5分钟以上还有余力的运动。当然，无论做什么运动，都要坚持，而不能三分钟热度。长时间坚持下来，你会发现，自己不仅拥有了一个健康的体魄，还能经常释放心里的压力，重新获得学习的能量。

当然，对于年龄较小的孩子，家长最好要注意运动的安全性，尽量选择一些安全系数高的运动项目。

告诉孩子，要学会向他人倾诉内心的不快

一年，小友的妈妈在路上遇到自己的闺蜜，谈到了孩子的教育问题，她深深地叹了口气，说："孩子大了最让家长操

心,小时候就算打他一顿一会儿就没事了,现在说他几句就和你赌气几天。我都不知道我儿子具体是什么时候突然变得古怪了,平时稍微说点什么吧,他就斜视你说:'我都这么大了,你唠叨什么呀!让我清静点不行吗?'小时候叽叽喳喳地说个没完,现在长大了却是难得听他说点学习和生活上的事。我们做家长的试图跟他讨论了解点什么吧,他就牛头不对马嘴地敷衍几句。对他最好的几个朋友也不像以前那么热情友好了。放学回家就把自己反锁在房间里听音乐,一待就是几个小时。他经常听首老歌,歌词大概是'我醉了,因为我寂寞,我寂寞,有谁来安慰我……'。问他为什么总是沉默不语地不理会人,他就没好气地回答:'我想安静,沉默说明我在思考问题,我已经长大了,需要把很多事情考虑清楚。'哎,儿子今年也十四岁了,根本就是小孩子。我们单位的同事说他们的孩子也有这种情况,真不知道儿子怎么了。"

的确,很多孩子一进入青春期,就开始不服家长的管教,也就是进入了叛逆期。叛逆期的一个典型表现就是与父母疏远,不再向他们倾诉。我们发现,一些孩子似乎总是与世隔绝,放学后一回到家中,便大门不出,二门不迈,只有网络能将他们与世界连接上,而这些孩子也似乎只有在网络里才可以找到听懂他的话、了解他的人,这就是为什么很多青春期的孩子们迷恋网吧的原因。

更为严重的,有些男孩,感到自己孤独,他们发泄心事的方式更为偏激，有的通过身体，有的通过沉默，有的通过幻想，这也就出现了诸如多动症、抑郁症、迷恋网吧等现象，更有甚者通过打架、行凶、吸毒来释放。其实这一切的表现都来自于人需要释放的本能，这些男孩发泄完后，发现自己的行为过火了，也很悔恨，却找不到控制自己的办法，然后就又寻求其他方式发泄自己的内心感受，如此循环，却始终找不到排泄内心能量的正确出口。

其实，不只是青春期的孩子有消极情绪，任何年龄段的孩子都有，但无论哪种情况，作为父母，当孩子出现情绪压抑的情况时，都要进行干预。我们可以告诉孩子，当他心情压抑的时候，不妨找个倾诉的对象，人的情绪受到压抑时，应主动把心中的烦闷和苦恼都说出来，如果长时间压制的话，会给身心健康带来危害。尤其是那些性格内向、不善交际的孩子，他们多半是无法靠自己的力量做好自我调节的，因此，可以选择向信赖的好友倾诉来排遣消极情绪。有些事情其实并不像当事者想得那么严重，然而一旦钻进牛角尖，就越急越生气，如果请旁观者指导一下，可能就会豁然开朗，茅塞顿开。

对此，我们可以这样指导孩子：

1. 告诉孩子压抑坏情绪的危害

你可以告诉孩子：当你有心事时，要学会和别人分享，不要自己硬抗，缺少有效的沟通，会造成很多心理压力和心理疾病，如抑郁症、焦虑、强迫症等。这些心灵的创伤很大一部分就是因为不能释放自己的情绪,当内心的情绪被锁定在生命中无法释放时,生命的动力、创造力、智慧、人际关系都被压抑在其中。

2. 鼓励孩子交几个知己好友

研究压力方面的心理学专家说:"女性其实是一种很需要别人支持的群体。所以,对于女性而言,强大的后备力量就显得尤为重要。"其实,不只是女人,任何人都需要朋友,更需要知心朋友,举个很简单的例子,当你不小心把手割伤时,你一定会寻找创可贴之类的药物,同样,当我们遇到不开心的事时,我们也会不由自主地寻找可以为我们打气的人。也就是说,我们只有具备几个可以掏心掏肺的知己,才能在需要他们时,让他们挺身而出。

同样,我们的孩子也是,孩子有了好友后,有些话不方便对父母说,就可以告诉好朋友,而不至于闷在心里。

3. 告诉孩子,可以向父母倾诉

我们可以告诉孩子:"当你有心事时候,不妨和父母沟通,你可以有更多的倾诉和释怀。生活中,你与父母之间的一些代沟,不仅仅是父母工作忙、没时间,也和拒绝沟通有关,在以往的生活体验中,很多孩子都有过这样的经历,很多事情选择独自承受,不愿意和父母分享。当你们有话不能讲、不愿讲时,距离就产生了,这是人为制造出来的距离。换个角度,如果有一天你的孩子有话不愿意对你说,你的感觉又如何呢？

而且，父母毕竟是过来人，人生阅历比你深，你遇到的一些心事，也许父母能给你解决的方法，敞开心扉交谈，远比你一个人扛好得多。"

另外，我们还可以让孩子知道，老师也是很好的倾诉对象，因为他的心事只不过是老师遇到的一个个案而已，老师能为你提供最好的解决办法。

青春期孩子，要有一定的承受能力，别让心事压垮自己，学会倾诉，学会沟通，心事才会随风而去，你才会快乐。

我们任何人，包括我们的孩子，虽然有一定的抗压能力，但如果压力过大而不加排遣、一个人闷在心里或独自受委屈，对健康不利。而心理学实践表明，把自己遇到的压力、烦恼对别人说出来，有宣泄的作用。因为与别人交谈能让他们分担你的感受，让压力得到分散。因此，在孩子成长的过程中，当他们遇到不快的事情时，可以引导孩子寻找倾诉的窗口，进而帮他们成功排解压力。

第 9 章
制定规矩，爱孩子也别让孩子肆意任性

为人父母，我们都希望孩子是快乐的，希望孩子健康成长，但在孩子的成长过程中，也有着各种各样的烦恼，孩子也不完全是无忧无虑的。教育心理学专家认为，童年是孩子情绪形成与发展的关键时期，作为家长，我们有必要引导孩子认识和表达自己的情绪，并为孩子制订情绪规矩，帮助孩子管理情绪，成为情绪的主人。

孩子爱顶嘴发脾气，父母怎么办

从小就要培养孩子的规则意识

一天晚上，五岁的圆圆正在看电视，奶奶叫圆圆去洗澡，说该睡觉了，圆圆完全不理，奶奶说了好几遍，圆圆生气了，说："你怎么那么烦，我说了不洗呀。"

妈妈这时候从房间里走出来，说："圆圆，我不是跟你说过很多遍了吗？这个家里，奶奶是年纪最大的长辈，我们任何人都不许对奶奶不敬。而且，你自己看冰箱门上的便利贴，这是我们家的规矩。"

听完妈妈的话，圆圆低下了头，赶紧自觉地关了电视，然后过去抱了抱奶奶，说："对不起，奶奶，我去洗澡了，这周就罚我倒垃圾，我会乖乖的。"听到孙女这么说，奶奶欣慰地朝儿媳妇笑了笑。

这里，圆圆妈妈就是个很注重对女儿进行规则教育的妈妈。的确，在日常生活中，我们每个人都在遵循一定的规则，规则是我们在日常生活、学习、工作中必须遵守的行为规范和准则。幼儿期是萌生规则意识和形成初步规则的重要时期，著名教育家叶圣陶曾经说过："教育是什么？往简单方面说只需一句话，就是培养良好的习惯。"而良好的行为习惯建立在良好的规则意识和执行规则的能力上。《幼儿园教育指导纲要》

"社会领域"就明确指出：要在共同的生活和活动中，帮助幼儿理解行为规则的必要性，学习遵守规则；对幼儿进行规则意识的培养，帮助他们形成规则意识，也是培养健全人格、适应社会需要的人才的必要环节。

作为家长，我们可以这样培养孩子的规则意识：

1.结合孩子的生活建立常规，树立孩子的规则意识

孩子从早晨睁开眼睛到晚上睡觉一天的生活当中，上下楼、如厕、盥洗、进餐、午睡等每个环节都离不开规则，培养孩子的规则意识，首先应该让孩子知道，规则存在于我们生活的方方面面，需要我们了解并遵守。由于孩子年龄小，理解能力有限，教师对孩子的教育要细致、要明确、要有耐心，要让孩子在理解的基础上逐步加深印象，要给孩子养成习惯的时间，只有通过不断地强化，不断地累积，结合严格的要求，才能让孩子做到持之以恒。

2.将规则融入游戏中，便于孩子了解和遵守

年幼的孩子的年龄特点决定了他们的游戏与学习是分不开的，富有情趣的游戏对孩子有很大的吸引力，幼儿期是一个人身体、智力、情感和社会性飞速发展的时期，由于他们大部分时间是在幼儿园度过的，因此，在对他们规则意识的形成培养中，充分利用孩子的各类游戏，将孩子的规则学习与培养有机地融入孩子的游戏中，可以帮助孩子了解规则，巩固规则。例如，表演游戏"公共汽车"，孩子扮成年龄、身份不同

的乘客，在有情景的社会性游戏中，模仿生活中人们的语言、行动，体验人们对周围事物的感受，实践社会所要求的行为规则，孩子能在反复的游戏中了解乘车的规则与礼仪，并逐渐会把社会的规则要求变成自己的主动行为，进而迁移到生活当中。区角游戏中，利用环境暗示法，让环境说话，让环境的设置告诉幼儿参与这个游戏应遵守的规则，如用插卡标志，限定游戏人数；用安静图标，告诉大家要安静等，这种环境暗示没有任何的强制、命令和压抑，可以帮助孩子在轻松愉快的氛围中接受教育。

3. 创设环境，帮助孩子巩固规则意识

环境对孩子的教育起着潜移默化的作用，这是毋庸置疑的，因此，创设环境、营造氛围也是培养孩子规则意识的策略之一。我们在孩子生活学习的活动室、游戏场、走廊、楼梯等地方，根据需要巧妙地利用标志、符号、图片帮助孩子巩固已有常规，起到很好的辅助作用。例如，上下楼梯的小脚印，形象地提醒孩子上下楼梯走右边；楼梯转台的不要拥挤的图片，告诉幼儿上下楼梯不拥挤；饮水机前的等待线，告诉幼儿喝水时不拥挤，要会等待；幼儿物品的摆放标志，告诉幼儿物品取放要归位；游戏场上的安全文明游戏图片，提醒幼儿玩耍时不奔跑，以及大型玩具的正确玩法……这些标志，幼儿在游戏活动中天天看到，它们不仅在无声地提醒孩子，同时，看到这些标志，幼儿也会互相提醒按标志的要求去做，久而久之，在这种潜移默化中，很好地强化了幼儿的规则意识。

当然，孩子规则意识的培养不是一蹴而就的，需要坚持不懈，需要学校、社会、家庭的共同配合。"播下行为，收获习惯，播下习惯，收获性格。"希望我们的孩子都能全面、健康、快乐地成长。

孩子缺乏教养、目中无人的行为如何纠正

曾经在某所贵族学校，有个女孩被学校老师称为"暴力女孩"，她喜欢纠结学校的一帮女生欺负自己"看不惯"的女生甚至老师，后来她被学校开除，她坦承自己的这种坏品行和自己的父亲有关。

原来女孩的父亲是一个暴力主义者，母亲在家里一点地位也没有。一天晚上，她原本是和朋友一起去看电影，但出门不久，发现电影票忘带了，当她准备进家门时，却在门缝里看见父亲将母亲压在地上使劲打，女孩气急败坏，冲上去揍了父亲一拳，但那天晚上她在床上翻来覆去，无法入睡。一整晚，脑海里不断重复上演所看到的那些画面。女孩从此性情大变，一步步堕落。

为什么会这样？因为她爸爸给女儿上了一场"暴力课"。在现实生活中，一些父母感叹自己的孩子脾气差，甚至缺乏教

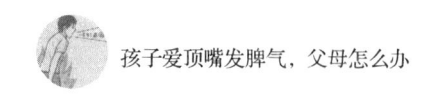

养，对此，我们首先要反思自己的教育方式是否正确。

可怜天下父母心，每个父母都希望自己的孩子能健康、快乐地成长，希望自己的孩子能成为一个彬彬有礼、善良而正派的人。教育孩子，一个重要的目标就是让他有一个健康的心态、一个温文儒雅的姿态，但现代社会有很多家庭都是独生子女，这些孩子往往自以为是，独断独行，目中无人，而孩子目中无人、颐指气使的心理的形成，与很多父母错误的教育方法有关。爱孩子，并不是对孩子娇生惯养，对孩子的任何行为都听之任之，更不是让孩子成为一个飞扬跋扈、缺乏教养的人。

有人说过，只有不成功的父母，没有不成功的孩子，家长无论是想把孩子培养成牡丹还是富贵竹，都要根据孩子本身所具有的特性，因势利导。没有哪个孩子天生就是目中无人的，任何不良的品质都和家庭有着千丝万缕的联系。作为父母，如果你的孩子目中无人、没有礼貌，那么，你有必要反思一下自己的教育方式是否出了问题。

的确，教育孩子千万不能娇惯孩子，我们要根据孩子的行为，有针对性地制订一些具体的规矩，使之成为一个有教养的孩子，比如：

1. 制订规则，让孩子明白自己的行为界限

家长一定要让孩子明白什么是父母可以容忍以及绝不能容忍的行为。要有的放矢，坚定自己的信念和原则，然后让孩子了解父母的想法以及目标。

2. 冷静地与孩子沟通

如果孩子破坏了定下的规矩或者表现出某种不良行为，父母应该考虑严格要求孩子。每次在和孩子说话前请做一个深呼吸，尽量让自己保持冷静。然后请看着孩子的眼睛说出你的要求，要确保你已经引起了孩子的注意。请记住，你的目的是要在对孩子的疼爱中规范孩子的行为，而不是在愤怒中斥责孩子。

3. 当场纠正孩子的错误行为，落实和孩子之间达成的协议

即使孩子的不良行为依然没有改正的迹象，也要坚持完成你和他之间达成的协议。你必须保持协议的一致连贯性，而且要做到言出必行，这样孩子就会明白你是认真的。一旦孩子出现不恰当的行为，你就应该马上加以纠正。

4. 一次解决一种没有教养的行为，逐一改正

孩子目中无人往往表现在很多方面，假如孩子一直重复出现某种不良行为，那么父母就要注意了。的确，也许你的孩子有一大堆的行为问题需要解决，但是要改善孩子行为最有效的方式就是一次只解决一种不良行为，这样你将更有可能去永久制止孩子的不良行为再度出现。一个个解决以后，你的孩子就能形成一种习惯，一个行为优雅的孩子才更显教养。

5. 建议孩子进行积极的选择

具体来说，你希望孩子形成哪些新的行为呢？请给孩子提供一两个可以进行正面选择的机会。如："请你温和有礼地和

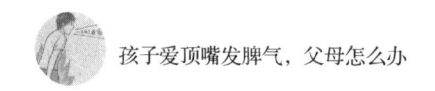

我说话。""下次你该怎么做才能保证不会再以这样的语气和邻居阿姨说话呢?"

6.明确告诉孩子违反规定的后果

如果孩子继续违反规则或者依然没有改掉自己的不良行为,那么你需要向孩子解释他这样做的后果。

比如,"如果你再对你姐姐大喊大叫,你就要去坐禁闭。""如果你不能温和有礼地跟我说话,你就不能用电话。"请记住,你的解释务必做到具体、简短而又严格。如果孩子再次出现不良行为,你也可以考虑征询一下孩子的意见,看看怎样的处理结果才算公平。一般来说,与父母选择的处理方式相比,孩子们的选择往往会比较公平,而且更"符合他们的罪行"。

任何人都希望自己的孩子温文儒雅、待人彬彬有礼,这样的人不能是一个目中无人、骄纵的孩子,而应该是一个有修养、温婉大方的孩子。父母要教育孩子,悉心呵护、培育孩子,但不能骄纵他,一个颐指气使的人是不会被人喜欢的,家长不能让自己教育的缺失影响孩子的一生!

从小培养文明礼貌、谈吐优雅的孩子

有位母亲在和朋友谈到自己的女儿时很烦恼,她说:"别人家的女儿都是漂漂亮亮、干干净净而且礼貌懂事，讨人喜欢，但我们家那个简直比男孩子还调皮，说话大喊大叫，经常把家里摆满各种玩具，而且喜欢和男孩子一起疯，一起玩泥巴，小裙子上总是脏兮兮的，后来她索性不穿裙子了，现在还经常顶撞我跟她爸爸，动不动就火冒三丈，真不知道怎么教育她了。"

这位母亲的担忧不无道理，其实无论男孩女孩，做父母的都希望孩子能彬彬有礼，谈吐优雅。当然，一个出色的人，与良好的家庭教育是分不开的，正如塞德兹所说："人如同陶瓷器一样，小时候形成一生的雏形，幼儿时期就好比制造陶瓷器的黏土，给予什么样的教育就会形成什么样的雏形。"每个孩子都希望被周围的人喜欢，想要做到这一点，孩子就必须拥有优雅的谈吐。

另外，从培养孩子情绪管理能力方面看，那些谈吐优雅的孩子更尊重父母，不会轻易顶撞长辈，也不会动不动发脾气。除此之外，他们还有以下优点：待人接物彬彬有礼、不卑不亢；餐桌上行为得体；随时随地体贴照顾他人，尊敬和关心他人，把"请"和"谢谢"挂在嘴边等。总之，谈吐优雅不仅赋予了孩子大气、得体之美，更为孩子成为淑女、绅士奠定了最强有力的基础，作为踏入社会的父母更是深深明白，举止优雅将会为长大后的孩子带来无穷的魅力。但在现实生活中，由于家庭教育中孩子修养教育的缺乏，很多孩子在谈吐上没有形成一种很好的习惯，而要让孩子从小养成良好的语言习惯，还需要我们父母给其定规矩。那么，我们究竟应当怎样约束孩子不当的说话方式，一点一滴地培养起孩子优雅的谈吐呢？

1. 父母是孩子语言习惯的一面镜子，需要以身作则

一位妈妈这样写道："别以为小孩什么事情都不懂，她可都看在眼里呢，有一次她冲我发脾气，我就说她：'小姑娘不可以这么大声说话。'结果就听到她小声嘟囔：'妈妈和爸爸不开心的时候也是这么大声说话的。'从那以后，我尽量克制自己的急性子，暗自发誓要给她树立一个优雅妈妈的好榜样。"

无数事实证明，父母的一言一行对孩子的影响是巨大的，所以要想培养出孩子优雅的谈吐，父母必须要注意自己的语言习惯。

2. 告诉孩子一些语言和行为标准

在日常生活中，父母们不妨参照以下标准，对孩子提出合理正确的要求：

（1）父母要教育孩子，与人谈话的时候，要表现出对他人的尊重、理解和善意，要面带自然的微笑，千万不要出现剔牙、掏耳、挖鼻、搔痒、抠脚等不良习惯和动作。

（2）在言谈措辞上，父母要让孩子养成使用文明礼貌用语的好习惯，如经常说"您好""谢谢""请""对不起""没

关系"等。父母还应告诉孩子，沉默寡言、啰唆、重复都是不正确的语言表达方式。需要注意的是，父母向孩子讲解优雅举止的标准时，不要用教训命令的口吻，而要循循善诱、谆谆教导。当谈吐优雅成为孩子一种不自觉的习惯时，孩子卓尔不凡的气质就形成了。

3. 父母要多提示和表扬孩子

孩子的一些错误的语言往往出于考虑少，而不是有意冒犯。如果父母此时严厉斥责，制订规矩，往往会使孩子产生反感和抵触情绪。因此，想让孩子谈吐举止变得优雅，最好的方式就是提示和表扬。

父母可以制订一些家庭内部的基本原则，来引导孩子谈吐文雅。比如，如果你想说："你这个没教养的孩子，吃饭时不能大声说话！"可以换成这样说："我们家的规矩是吃饭时不能大声说话。"这样孩子比较容易接受，因为你是在说一种制度、一种行为，而不是在批评他。

谈吐优雅是一个孩子有修养、有气质的重要表现，谈吐好的孩子，由内而外散发出一种魅力。父母如果在孩子还小的时候就注重对其谈吐的培养，那么孩子长大后，势必会成为一位高贵、文雅、优秀的人！

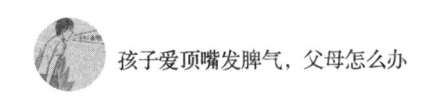

孩子从小就必须遵守这几条规矩

对于一些年幼的孩子,在教育过程中,给他们讲很多道理,他们并非全部都能听懂,犯错时你的道理再合适,他们也不明白。只有让他知道,他那样做会受到惩罚,他才能记住,这就需要我们立规矩,以下是几条孩子从小就必须遵守的规矩:

1. 不能有言语粗鄙的语言习惯

生活中,我们发现,有一类孩子,他们总是出口成脏,语言粗鄙。如果养成习惯,哪怕是一句无心的口头禅,也会给今后的学习和工作带来沉重的影响。

还有一类孩子,喜欢使用暴力手段,强制别人服从自己的意志;用语言对他人进行攻击、胁迫,来实现自己的愿望。但是,这样的做法是绝对不可取的!

如果孩子出现了粗俗的言行,父母应该怎么做呢?

首先,要帮助孩子明辨是非,明确地告诉他:"以后不能这样做了,这是粗野的行为,是要挨批评的!"然后引导孩子,让孩子自己反省,想出更好的办法来处理这样的事情。

这样的规矩能帮助孩子调整自己的情绪,学会如何对待自己想要的东西,如何处理自己的情绪等。在这个过程中,孩子会不断地调整对事物的看法和自己的心态。等他长大后,他也会用这套模式去对待周围的人,变得更加理性、为他人着想。

2. 不可随意发脾气

生活中，一些孩子被长辈娇惯，稍微遇到不顺心的事就大发脾气，认为这样能获得关注，能使他人满足自己的要求；还有一些孩子，总是以自我为中心，不懂得长幼有序的道理，动不动对长辈颐指气使、顶撞长辈。这两种行为，我们都要定下规矩，给予矫正。

3. 不可随意侵占他人东西

6岁前，孩子的自我意识才刚刚萌芽，往往很难分清自己和他人，更不懂得分辨什么东西是自己的，什么东西是别人的。

所以只要是孩子喜欢的东西，他就会毫不犹豫地伸手去拿，觉得"拿到我手上就是我的了。"

这个时候，家长们应该有意识地帮助孩子建立自我意识，可以拿着大人的衣服和孩子的衣服告诉他："这一件是你的，这一件是爸爸的，这个是妈妈的。"

帮助他建立自己与他人的界限，等孩子已经能清楚地分清自己和他人的区别时，爸爸妈妈也要刻意地多向孩子提问："这是你的吗？"让他独立地进行判断，并给他立下规矩。

这样的规矩，可以帮助孩子更好的区分"你的""我的"，知道不是自己的东西就是别人的，别人的东西不能拿，而"我的"东西一定归我支配。

具备物权概念，是培养良好道德和心态的基础，长大后才更懂得尊重他人。

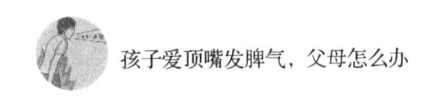

4. 勇于认错和道歉，并且有权利要求他人道歉

家长们疼爱孩子，总觉得"孩子还小"处处让着他，就算孩子犯错不道歉，爸爸妈妈也会一心软就原谅他。这样的处理方法，会让孩子觉得"做错事也没什么大不了的，反正爸爸妈妈都会原谅我"，孩子没有了约束，难免会为所欲为，犯更多更严重的错误。

从小就教孩子，做了错事要道歉，这样才是懂礼貌的好孩子！在孩子犯错的时候，除了教育他之外，还可以要求孩子对自己说一声"对不起"，如果是爸爸妈妈错怪孩子了，也要向他道歉，给孩子树立一个好榜样，跟孩子一起遵守规矩。

这样的规矩能让孩子学会礼貌待人，诚实地面对，并且有勇气主动承认错误。在这个过程中，孩子学会了反省自己，也开始懂得维护自己的权利了。

5. 不可以随意打扰别人

当孩子遇到好的事情，如受到老师表扬了、交到一位新朋友等，总会很兴奋地想要把它告诉爸爸妈妈，无论爸爸妈妈在做什么事情他们总会毫不犹豫地打断。

现在许多父母都是"孩子第一"，所以常常允许孩子在任何时候打断自己，而且还会高兴地回应孩子，这样的态度容易让孩子养成不顾一切打扰别人的习惯，长大以后可能会以自我为中心，很难在集体中生活。

如果发现孩子有这样的坏习惯，要在平时生活中有意识地帮他改正，告诉他："随便打扰别人是很不礼貌的，你想想，如果你在睡觉，小朋友老是过来跟你说话，你会高兴吗？"

用心平气和的引导让孩子学会换位思考，让他知道被别人打扰是很不开心的事情，然后再给他立下规矩。

这样的规矩能让孩子学会尊重他人，让他懂得当别人在忙的时候不应该去打扰，而且孩子在这个过程中学会了换位思考，也会变得更加善解人意，这样更容易交到很多好朋友！

当然，在立规矩的时候，家长要以身作则，要求孩子做到的自己先做到，为孩子树立榜样。如果孩子做不到，该惩罚就得惩罚，惩罚完要告诉他哪里做错了，一定要让他自己重复一遍什么地方做错了以及做错的原因，这样才能记住。

父母不要盲目让孩子听话

"无规矩不成方圆"，前面，我们已经分析过规矩对于孩子成长的重要性，可以说，给孩子立规矩是父母应该尽的职责。对孩子来说，立规矩则是一件十分必要的事情。然而，我们需要注意的一点是，生活中，对于孩子的一些调皮行为，我们要辩证看待，不能盲目让孩子听话。

冬冬已经5岁了，活泼好动，妈妈经常说孩子很不好管。

周末这天，妈妈好不容易放假想带冬冬去逛街，可是，妈妈和冬冬走在街角的时候，突然发现儿子不见了，妈妈往回走了几步，发现儿子竟然和路边的流浪小狗玩了起来，他还将自己手上的零食递给小狗。

"宝宝，你在干什么？"妈妈问。

"妈妈，我在喂小狗啊。"

"喂什么小狗，我不是告诉过你吗，不要碰野猫野狗，脏死了。"说完，妈妈就拽起冬冬离开了，冬冬一脸愕然地望着妈妈。

很明显，冬冬妈妈的做法是不对的，孩子喂流浪狗，是有爱心的表现，孩子的善举应该得到鼓励，而不是禁止。如果家长忽略了这一点，而把它当成不听话、犯错误的行为，就大错特错了。

所以，我们可以说，孩子活泼好动，我们应该辩证看待。具体来说，父母可以这样引导：

1. 理解孩子的行为

很多孩子调皮捣蛋，父母带他出去玩，他总是喜欢做一些危险动作，如登高、从高处往下跳。父母会因为担心他的安全而制止他们的行为。

在中国传统的教育理念中，认为孩子安静更好，甚至总是约束孩子的一些行为。但其实，孩子是需要自由空间的，需要有广阔的天地来让他们成长，因此，对于孩子那些活泼好动的行为，我们不必强加干涉，只需要保护他的安全，要知道，孩子在奔跑、跳跃、攀爬这些活动中，更易获得健康的身体，也更易活跃大脑。

2. 不要让孩子盲目听话

童话大王郑渊洁说他从来没有对自己的孩子高声说过一句话，也从来没有说过"你要听话"。"因为我觉得把孩子往听话了培养那不是培养奴才吗？"因此，对于孩子的不听话原因，你不妨告诉孩子："爸妈并不是要你盲目地听我们所说的每一句话，什么都听话的孩子就是庸才。"这样说，会很容易让孩子感受到父母对自己的理解。

3. 鼓励你的孩子有自己的思维方式

你不妨告诉孩子这样一个故事：

一位幼儿教育专家到国外看到一个幼儿用蓝色笔画了一个"大苹果"，老师走过来说："嗯，画得好！"孩子高兴极了。这时中国专家问教师："他用蓝色画苹果，你怎么不纠正？"那个教师说："我为什么要纠正呢？也许他以后真的能培育出蓝色的苹果呢！"

其实外国教师或家长这样容忍孩子"不听话"是有道理的，它可以保护孩子的想象力，激发孩子的创造力。

我们的孩子，他们有自己独特的思维，作为家长的我们，如果用成人的思维方式对他们粗暴地干涉，就会扼杀他们的想象力和创造力。

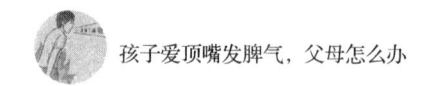

4.给孩子制定一个行为标准

这个行为标准的制定必须是在和孩子已经站在统一战线的前提条件下，也就是孩子认可有时候父母的话是正确的。

此时，你应该告诉孩子一个原则，一个标准。在这个标准下，他知道什么东西应该执行，什么东西坚决反对，掌握好这个度就可以了。不是不管他们，而是怎样合理地管的问题。

因此，综合来看，对于孩子不听话这一问题，我们一定要辩证地看，我们不需要培养那种盲目听话的"乖孩子"，因为"乖孩子"能真正成为社会精英、业界尖子的不多，他们大多在一般劳动岗位上工作。当然，并不是说"不听话"的孩子就一定聪明，出尖子。孩子的"听话"应更多体现在生活规矩、行为道德上，而孩子天性叛逆，有自己的想法，父母应做出正确的引导，使其在学习和解决问题上勇于创新。

第 10 章
重在教养，好性格和好修养塑造孩子的好脾气

有人说，一个人最珍贵的品质莫过于一个平和的心态、一份温和的气质，反过来，脾气好也是有修养的表现。作为父母，培养孩子良好的脾气，比用服装和化妆来美化他，要具备更高一层的精神境界。一个脾气暴躁的人，很难想象他有什么祥和与美好。那么，父母该怎样通过培养孩子的良好修养来达到控制孩子脾气的目的呢？

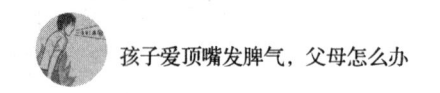

引导孩子开阔心胸，心胸狭窄的孩子脾气差

古今成大事者，不但要有大志，还拥有宽广的胸怀。胸怀是人格的具体体现，具有宽广胸怀的人，才能成为人格高尚的人，而这正是家庭教育的目的之一。

然而，我们发现，生活中，一些孩子心胸狭窄，他们在生活中因为一些小事就和同学、玩伴甚至父母怒目相向、大发脾气，或者斤斤计较、得理不饶人，这对于孩子的成长都是极为不利的。家长在教育孩子的时候，精神上的养育绝不能少，这样教育出的孩子才能不畏恶劣的生存环境和残酷的社会竞争，依然能够傲然挺立，也能以坦然的心态面对竞争和竞争对手，拥有比天空还宽广的胸怀，打创出一方属于自己的天空。

其实，家长可以采取一些辅助教育方式，避免孩子狭窄心胸的形成，包括以下三个方面：

1. 父母调整心态，待人接物大方宽容，给孩子做好榜样

家长是孩子的第一任老师，父母如何待人接物、心胸是否宽广，直接影响到孩子。父母平时待人要和蔼，一些针尖大的事情没必要斤斤计较，更不要发火和出口伤人，因为父母的一言一行都映射在孩子幼小的心灵上。

"我们经常教育孩子心胸要宽广，要宽以待人，对待他人

要热情等。不但教育孩子这样做，我和他爸爸也是这样身体力行的，不然没办法给孩子做榜样。

一次，楼上装修时卫生间防水没有做好，我发现家里卫生间居然在滴水，于是上楼好心地提醒了下邻居，也没有生气，后来，邻居为了道歉，还非要请我们吃饭，现在我们成了很好的朋友。

还有一次，我在送孩子上学的路上，被一辆自行车刮了一下，手很痛，骑车人不断地说对不起，我看着有些红肿的手背，只告诉骑车人要注意安全，就让他走了。孩子问我：'妈妈，你怎么让他走了？万一你的手骨折了怎么办？'我笑着对孩子说：'没关系，妈妈的手不会骨折。一会儿就会好的。叔叔也不是故意的。他已经道歉了。'"

2. 带孩子多出去走走，开阔孩子的眼界

这是一位妈妈的教育心得：

"我们经常利用各种节假日带孩子出去旅行，确实收获颇多，尤其是孩子现在大些了，我们出去走的机会就更多了，我们去了泰山、内蒙、海南、云南等好多地方，其实，我们并没有刻意地去教育孩子要有宽广的心胸等，但是孩子却在这一次次的游览中，增长了知识，开阔了眼界。"

3. 在阅读中培养孩子宽广的胸怀

古人云，读书之人明智，在书籍中，有很多名人故事阐述的都是做人要心胸宽广的道理，引导孩子阅读这些书籍，远比

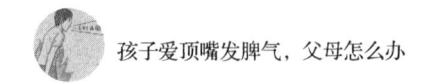

我们家长的说教要好得多。

"我的孩子喜欢阅读,经常自己拿着书蹲在家里的地板上津津有味地看。

孩子最喜欢看故事书。一次,孩子在读到《将相和》的故事时问我:'妈妈,如果是我,我可不会背着荆条去认罪。'孩子说的是廉颇负荆请罪的事情。我告诉孩子,因为廉颇负荆请罪,因为蔺相如心胸宽广,以大局为重,所以秦国才不敢侵犯赵国。还有一次,孩子读到韩信后来当了元帅,竟然宽恕那几个当年侮辱他的人时,不解地说:'这么欺负人,怎么还饶了他们呢?'我问孩子:'你不是想当一个好孩子吗?你不是希望自己将来能做大事吗?要成就大事,必须要有一个宽广的胸怀。'"

父母可以从这位母亲的教育中获得一些启示,还可以从生活中的一些现象出发,告诉孩子怎样才能拥有一个宽广的胸怀。比如,不要斤斤计较那些鸡毛蒜皮的小事情,要欣赏他人的优点,不要嫉妒;把"海纳百川,有容乃大"这条格言贴在孩子的桌子上,作为孩子的座右铭,让他自我勉励。

总之,我们要让孩子明白真正成功的人一定是个心胸宽广的人,斤斤计较、心胸狭窄、嫉贤妒能的人,最终与成功无缘。因此,家长一定要注意孩子的品质培养,千万别让孩子原本豁达、宽广的胸怀被搁浅甚至埋葬!

引导孩子学会换位思考，孩子才更有同理心

一位初一的语文老师在给学生批改作文的时候，读到这样一篇文章：敬爱的王老师，希望您不要让我妈妈和我一起上学了，说句心里话，妈妈为此付出了太多太多的心思。妈妈天天有洗不完的衣服，中午哥哥回来前妈妈要把饭做好，哥哥一回来吃完饭就要走，到了下午妈妈也要早点儿做饭，爸爸早上7点上班到晚上11点才回来，妈妈还要去接爸爸，然后给爸爸做饭……我保证，我再也不调皮了……

当这位语文老师读到这里的时候，流下了欣慰的泪水，孩子终于能理解家长的苦心了。原来，事情的经过是这样的：这位同学名叫王兴，是学校初一的学生，调皮捣蛋，成绩在班上是倒数。那次，在学校又打了几个同学，作为班主任的语文老师只好把孩子的妈妈请到了学校，并让她来学校陪读管孩子。为了能让孩子继续留校读书，从当日下午起，这位妈妈便开始了自己的"陪读"生涯，每天家里和学校来回跑，妈妈为此痛苦不堪，王兴看在眼里疼在心上。为此，他偷偷给班主任王老师写了一封信，乞求老师不要再让妈妈为自己陪读了……

从此，这名叫王兴的初一学生好像换了一个人，他开始认真学习，开始想对妈妈好，开始感激老师……

看完这个故事，相信不少父母都会感叹，如果我的孩子也懂得换位思考、懂得理解别人就好了。

不得不说，现实生活中，不少孩子的逆反行为、与周围的一些人发生矛盾，都是因为不懂得换位思考。每个孩子在成长的过程中，独立意识都在不断增强，我们若希望孩子成为一个贴心、善解人意的人，就要对他们进行引导。

现代社会中很多孩子都是独生子女，生活条件优越、长辈宠爱，都是以自我为中心，很少会为别人考虑。孩子自我中心的形成往往与不恰当的教养方式有关。为了让孩子健康地成长，每位家长都有责任在孩子的心灵中播撒一粒爱的种子，只有当这粒种子在孩子的心灵中生根发芽时，他的心中才能装得下别人。

孩子以自我为中心是有一定的发展阶段的，这个阶段需要家长的及时引导，不然就会养育出一个自私自利的孩子。

自我中心是孩子早期自我意识发展的一个必然阶段。新生儿处于蒙昧未开的状态，没有客我之分，他们吮吸自己的手跟吮吸其他东西没什么两样。到了两三岁，孩子的自我意识开始萌芽，开始把自己从他人和外界事物中区分开来。学着使用"我要""我有"和"我的"等带有第一人称的代名词。此时，自我意识发展到自我中心阶段。在此阶段，孩子以自我为中心观察世界，认为周围的人和事物都跟自己密切相关。他们往往从自我角度来进行行为选择和活动设计，而不考虑他人。

随着幼儿交往活动的增加，孩子逐渐有了他人意识，进而逐渐认识自我和他人的关系。到了四五岁，孩子不仅能够知道自己的行为会给自己带来什么好处，还能够进一步理解自己的行为会给周围人带来什么好处。此时，我们可以看到儿童愿意为了集体活动的成功而行动。

可以说，自我中心人人都有，只是在程度和发展速度上存在着个体差异。如果自我倾向过于严重，甚至到了六七岁还停滞在自我中心阶段，就成了问题，是高级心理机能发展不充分的结果。这类孩子往往把注意力过分集中在自己的需求和利益上，不能采纳他人意见。对于与他认知不一致的信息，决然不能接受。因为他不懂得，除了自己的观点之外，还可以有别人的观点；他认为别人的心理活动和自己的是完全一样的。

由于孩子年龄小，具有可塑性，所以容易把感恩的种子埋在心田，并不断开花结果。这个过程少不了家长的引导、指点。那么，家长该怎样引导年幼的孩子克服自我中心的心理呢？这就需要教导孩子学会换位思考。

1. 别让孩子独享

从孩子三四岁起，就要让孩子认识到自己在家庭中的位置。比如，有了好吃的，不要只留给孩子一个人吃，可以根据家里的人数分成几份，让他知道自己的食物只是其中的一份，而不是全部，懂得与人分享的概念。如果爸爸妈妈舍不得吃，可以留给孩子，但是要让孩子知道这种"优待"之中有父母的自我克制和爱，并不是理所当然。

2. 引导子多替别人想想

孩子之所以会自我中心，是因为他不知道自己的行为会给

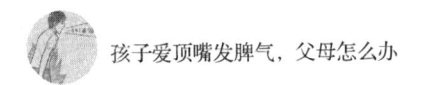

别人带来什么样的负面影响,可以引导孩子站在他人的角度思考问题,学会换位思考。

3.让孩子学会分享

在许多人眼里,帮助他人意味着付出,意味着对自我的克制,其实更多的人在助人的过程中发现了快乐。帮孩子体会与人分享带来的快乐,他会更愿意与人分享并帮助他人。应尽量避免给孩子树立负面的榜样。

古语说"儿行千里母担忧",孩子是父母生命的延续和希望,是父母心中永远的牵挂。父母都期盼自己的孩子能成才,然而要使孩子健康地成长,家庭教育是不可或缺的。有一个比喻说得好:孩子就像风筝,父母就是放风筝的人,孩子飞多高多远,就看怎么放手中的线。如果每个孩子都能学会换位思考,学会将心比心,那么生活中一定会多份理解、和谐、幸福!他们也会因此而拥有一颗感恩的心,将来在工作中也一定能把方便留给别人,把困难留给自己,从而获得更好的人际关系,使工作氛围更轻松!

教孩子正确面对朋友之间的冲突

家庭教育中,有一个重要的教育目标就是培养孩子的好性格与修养,而随着孩子的成长,他们的人际交往范围逐步扩大。

人际关系中的矛盾，会使他们产生"困惑""曲解"或"冷漠"等消极心理，并导致他们产生认识偏差、情绪偏差，进而会做出不适应、不理智甚至极端的行为反应。因此，在孩子与人发生矛盾时，家长要加强教育，指导孩子学会处理各种人际关系中的矛盾，帮助他从那种被排斥的感觉中逐渐成长。每一个人独特的与别人相处的方式，都要经过一番努力才能获得。

当孩子开始有了自立、独立的能力后，有了与人交往的能力后，让他和同学、朋友一起玩，逐步提高谦让、忍耐、协作的能力。如果孩子总和父母、家人相处在一起，备受宠爱，就培养不了这方面的能力，以后进入社会就不能很好地和同事相处。而教会孩子融洽地与人相处，他就可以利用人际关系登上成功的宝座！

小胖、豆豆和东东是最好的朋友，但偶尔也会闹一些小矛盾，尤其是豆豆和东东之间。豆豆是一个内向的男孩子，而东东大大咧咧，口无遮拦，有时候，因为一件小事，两人就会展开"战争"。

一天大清早，小胖还在睡觉，豆豆气呼呼地跑来，对小胖说："东东怎么能这样，我怎么交了这样的朋友？"

"怎么了，发生什么事情让你发这么大的脾气？"

"昨天原本准备让你陪我去买TFBOYS的唱片，你不是有事嘛，后来，我就打电话给他，他在卫生间，电话是他妈妈接的，说好一会就出门的，结果我在他家楼下等了半天，也没看见他出来。于是，我就去他家找他，他却在家看电视，我问他为什么耍我，他说他根本不知道我找他的事，我一生气，就骂了他，结果他却打电话给他妈妈。你说，他这人怎么这样？"

很明显，这两个男孩之间的冲突来自于一个小误会，只要找机会沟通，就能解释清楚。如果和朋友发生冲突，该如何解决呢？

1. 告诉孩子要大度、宽容

我们要让孩子明白朋友之间，难免个性不同，生活习惯不同，要学会彼此尊重和包容。人都是重情谊的，你帮他，他也会帮你，互相帮助中，友谊更加深厚。在深厚友谊的基础上，彼此给对方提一些意见是很容易接受的。不是什么原则上的大错误，就不要斤斤计较，要多包容。

2. 要让孩子懂得反省自己

你要告诉孩子一个道理，如果你的朋友中，个别人对你有意见，可能是对方的问题，但如果你被大家孤立或者被众人排挤的话，估计就是你的问题了，此时，你要做的就是反省自己，看看自己哪里做得不对。试想一下，你是不是太"自我中心"了——凡事很少为别人着想，自己想怎样就怎样，或对朋友不怎么关心等。

3. 让孩子懂得控制自己的情绪

"血气方刚"是年轻人的专利，情绪失控时会造成很多悲剧。父母要帮助孩子学会控制自己的情绪和脾气，要告诉孩子："当你被激怒时，或者当你觉得自己的血往上涌，只想拍桌子的时候，千万要转移注意力，或者数数，或者离开那个环境，当你学会控制情绪时，你就长大了。"

4. 帮助孩子正确看待每个人的长处和不足

人无完人，金无足赤。我们可以告诉孩子："如果你发现你的朋友在外面彬彬有礼而跟你在一起却有点粗鲁，正说明他真的把你当朋友。不能因为谁有某种不足就讨厌他，如果这个不足不是品质或道德方面的问题。大家能够走到一起，本身就是一种缘。"

5. 让孩子多帮助别人和关心别人

我们要告诉孩子经常帮助别人的人，自己也会得到别人的帮助。比如，同学肚子疼，给她灌一个热水袋，倒点热水；同学哭了，送她一块纸巾，拍拍她的肩膀，不用说话就能把关心传递过去；这都会让你和同学的感情升温。

培养孩子良好的人际交往品质

周末的一天，妈妈准备带12岁的儿子去朋友家玩，儿子说："我不想去。"

"为什么呢？平时没时间，周末应该出去走动走动啊，是不是哪里不舒服呢？"

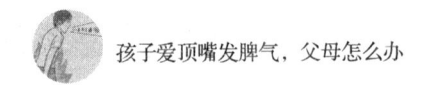

"没什么，我就是不想去。"儿子坚持说。

妈妈看儿子态度坚决，只好说："行，既然你不想去，妈妈也不勉强你，但妈妈希望你开心，有什么事不能闷在心里，知道吗？"

听妈妈这么一说，儿子眼泪汪汪，终于说出了心里话："其实，我是害怕自己不会与人交往，我害怕别人讨厌我，妈妈你也知道，我的性格还是比较外向的，长相虽然算不上出众，但是自我感觉还可以。学习也不错，班里前十名，可就是人缘不好，感觉周围其他男生好像都很反感我，看到他们和别的女生闹我也想去玩，可是却不知道怎样加入他们。我的一个好朋友跟我说，他的同桌跟他说比较反感我，也没有说原因，还说不许我那个好朋友告诉我。虽然我知道了，可是我很无奈，也许是因为我不会说话的缘故吧，因为我真的不知道该怎样和同学们交谈，怎样才能让别的同学喜欢和我说话，有共同语言。我到底该怎么办？"

生活中，可能不少家长听到孩子有过这样的苦恼——不知道怎样才能被同学和朋友们喜欢。的确，我们的孩子也希望交朋友，而不受同学欢迎、人缘差的确是困扰孩子的一个问题。

对此，我们要告诉孩子，受人欢迎的万人迷一定有人人喜欢的性格、品质，而如果不被人喜欢，就要从自身寻找原因，这样才能有针对性地改变自己。比如，你可以这样说："你可以先和好朋友聊聊原因，再自己回想下自己在哪方面做得不够，也可以让他们帮忙问问班里的其他同学为什么不喜欢你。也可以拿张纸出来，写出你认为班上受欢迎的男孩交际好的原因，比方说他的说话方式、内容，再与自己作对比，就能找出原因了。"

作为父母，我们不但要成为孩子学习上的指导者，更要成为他们成长路上的知心朋友，当孩子有了烦恼和困惑后，我们要为其答疑解惑。

孩子都想成为受人欢迎的人，对此，你要告诫孩子形成良好的交往品质，这些品质包括：

1. 自信

自信是人际交往中重要的一个品质，因为只有自信，才会将自己成功地推销给别人认识，无数事实证明，自信的人更易赢得他人的欢迎。自信的人总是不卑不亢、落落大方、谈吐从容，而绝非孤芳自赏、盲目清高。培养自信要善于"解剖自己"，发扬优点，改正缺点，在社会实践中磨炼、摔打自己，使自己尽快成熟起来。

2. 真诚

"浇树浇根，交友交心。"想要交到真正的知心朋友，就要学会真诚待人，真诚的心能使交往双方心心相印，彼此肝胆相照，真诚的人能使交往者之间的友谊地久天长。

3. 信任

在人际交往中，信任就是要相信他人的真诚，从积极的角度去理解他人的动机和言行，而不是胡乱猜疑，在心里设防护墙，因为信任是相互的，尝试信任别人，你也会获得别人的信任。美国哲学家和诗人爱默生说过：你信任人，人才对你重视。以伟大的风度待人，人才表现出伟大的风度。

4. 自制

与人相处，经常可能会因意见不同、误会等原因发生摩擦和冲突，而面对摩擦，学会克制自己的情绪，就能有效地避免争论、"化干戈为玉帛"。青春期孩子，要想克制自己，就要学会以大局为重，即使是在自己的自尊与利益受到损害时也是如此。但克制并不是无条件的，应有理、有利、有节，如果是为一时苟安，忍气吞声地任凭他人的无端攻击、指责，则是怯懦的表现，而不是正确的交往态度。

5. 热情

在人际交往中，热情的人总是不缺朋友，因为别人能始终感受到他给的温暖。热情能增进人的相互理解，能融化冰冷的心灵。因此，待人热情是沟通情感、促进人际交往的重要心理品质。

人际交往确实是一门学问，其实，在教育孩子的过程中，我们不仅要让其学习到文化知识，更要着力培养他们好的修养与性格，这样，他们在未来人生道路上会有更广泛的人际关系，获得更多人的支持和帮助。

第10章 重在教养，好性格和好修养塑造孩子的好脾气

让孩子学会承担责任

人是一种社会性的动物，责任是一种对人的制约，所谓责任心，是指个人对自己和他人，对家庭和集体，对国家和社会所负责任的认识、情感和信念，以及与之相应的遵守规范、承担责任和履行义务的自觉态度。每个人都肩负着责任，对工作、对家庭、对亲人、对朋友，我们都有一定的责任，正因为存在这样或那样的责任，才能使自己的行为有所约束。社会学家戴维斯说："放弃了自己对社会的责任，就意味着放弃了自身在这个社会中更好的生存机会。"

作为家长，我们要明白，我们的孩子在未来都要承担社会、家庭、集体中的责任，而事业有成者，无论做什么都力求尽心尽责，丝毫不会放松；成功者无论做什么职业都不会轻率疏忽。这就是一份责任。孩子的责任感必须从小培养，父母在这个过程中发挥着极为重要的作用。影响一个人意志形成的因素有很多，家庭环境是十分重要的因素，家长的言行对孩子的人格发展有潜移默化的作用。

另外，我们可以说，责任心是一个人品质和修养的重要方面，那些责任心强的孩子，会对自己做的事负责，犯了错也会勇于承担，而不是通过发泄负面情绪来推卸责任。我们来看下面的故事：

一个11岁的美国男孩踢足球时，不小心打碎了邻居家的玻

璃。邻居向他索赔13美元。那是在1920年，当时13美元可是一笔不小的数目，足可以买125只母鸡。男孩没有办法，只好去向父亲承认错误，请求父亲的帮助。然而，父亲却斩钉截铁地说，男孩必须对自己的过失负责。

"我哪有那么多钱赔人家？"男孩非常为难。

"我可以借给你。"父亲拿出13美元，"但一年之后你必须还我。"

于是，男孩开始了艰苦的打工生活。经过半年的努力，终于挣够了13美元这一"天文数字"，还给了父亲。这个男孩就是日后的美国总统里根。他在回忆这件事时说："通过自己的努力来承担过失，使我懂得了什么是责任。"

作为家长，应该从身边的小事开始，培养孩子的责任意识，让孩子意识到责任的重要性，而这就要求家长不能娇惯孩子：他们在生活上接受了过多的照顾和包办，行为活动受到了过多的限制和干涉，在需求上也给予过多的满足。这样会使孩子越来越娇气，生存的依赖性强，心理素质差，自然就不知道什么是责任了。

作为家长，一定要让孩子从小历经生活的磨炼，让他明白什么是一个人应该承担的责任。

1.鼓动孩子独立思考、有责任心

对孩子采取民主的态度，鼓励孩子独立思考，允许他们表达自己的观点和看法，有利于孩子形成责任心。

娇惯、过度保护孩子，让孩子从小养尊处优、自私自利、为所欲为，孩子成年后就会缺乏对社会和他人的责任心。

让孩子绝对服从的教育方式只能培养出唯命是从、毫无主见、不敢负责的人。

2. 培养孩子心中有爱，关心他人，善待他人

比如，要求孩子主动关心老人、病人和比自己小的孩子。父母生病的时候，让孩子学会照顾父母；让孩子知道父母的生日，鼓励孩子给父母送上一份生日礼物。

3. 让孩子做力所能及的家务劳动

和孩子进行协商，对孩子解释他们应该做某事的理由。

每件要求孩子做的事情，都对孩子交代清楚，保证孩子能完全理解。耐心指导孩子做家务，以鼓励、表扬、奖励等方式对孩子进行积极的反馈。

4. 让孩子信守诺言，要对自己的言行负责

无论作出什么许诺，都要尽可能地实现，如果不能实现的话，一定要向孩子说明。告诫孩子不要轻许诺言，一旦许诺，就必须遵守。积极支持孩子参加学校的公益劳动和集体活动，培养孩子对集体的责任心。

但其实，责任心的培养，最终目的还是要让孩子学会担当，"担当"的意思是：接受并负起责任。意在强调行动的重要性。

曾经有篇报道，叙述了一个16岁的农村少年，以优异的成

绩考取了师范学校，面对着瘫痪在床无人照顾的父亲，无奈之下卖掉了全部家产，背着父亲走进校门，开始了漫长而艰辛的求学之路。

一个"背"字，不仅体现了父子之情，也体现了孩子对家庭的责任，这个少年就是"担"起了家庭的责任。

责任不需要整天挂在嘴边，这是一种意识，我们希望孩子明白，在遇到事情的时候必须承担后果。孩子从小学会"担当"，长大了自然就会有责任心。

家长要从生活中的小事开始，让"责任"作为一种品质根植于孩子的心灵。这样，才会培养出一个愿意担当，品质与修养兼备的好孩子！

培养孩子积极乐观的心态

世界著名教育学家塞利格曼曾指出：父母教育孩子的方式正确与否，显著地影响着孩子日后性格是乐观还是悲观。一位教育专家有句名言："培养笑容就是培养心灵。把孩子培养成面带笑容的孩子，就是把孩子培养成为乐观、进取的人的最重要条件之一。"任何一个人，如果总是沉浸在阴郁愁苦之中，就很难有所成就，也很难被人欣赏。

一个乐观开朗的人，无论面对什么样的生活，都有能力重新开始，即使在地狱中，也能重新走入天堂。对于任何一个人来说，这是比什么都重要的财富。

因此，家长在培养孩子的过程中，乐观性格的培养是一个必不可少的基本成分。虽然有些孩子天生就比较乐观，有些孩子则相反。但乐观思想是可以培养的，即使孩子天生不具备乐观品质，也可以通过后天的努力来实现。

乐观的人往往善于在平凡的日常生活中找到快乐，在不愉快的情境中找回欢乐，能轻松自如地化解一些尴尬，以积极的心态来面对生活，不但自己整天开开心心，也能感染别人，使别人也同样感到快乐。可见，乐观的心态对人来说是很重要的。

心理学的研究表明，乐观的孩子开朗、活泼；对待生活热情，不怕失败，敢于尝试；对事物充满极大的兴趣，创新意识较强。乐观的孩子在学校的表现往往比较好，长大了也容易获得成功。我们还发现，那些成功人士，无不有着乐观的心态，而他们乐观的心态都是在经历了人生的磨难和生活的历练以后获得的。

虽然，乐观的心态不是每个人都会拥有的，但是可以培养。作为家长，在孩子的成长过程中一般只注重孩子的健康和智商，却忽略了影响孩子一生的至关重要的一点，那就是孩子健康的心理。那么，培养孩子乐观的心态，家长该如何做呢？

1. 不要对孩子控制过严

作为家长，当然不能对孩子不加管教、听之任之，但是控制过严又可能压制儿童天真烂漫的童心，对孩子的心理健康产生消极作用。不妨让孩子在不同的年龄阶段拥有不同的选择权。只有从小能享受选择权的孩子，才能感到真正意义上的快乐和自在。

2. 让孩子拥有适度的自信

孩子是否拥有自信，对他的心理健康的影响很大，一个孩子无论是因为能力还是智力而自卑，家长都应该使其看到自己的长处，并审时度势地多作表扬和鼓励。来自家长和亲友的正面肯定无疑有助于孩子克服自卑、树立自信。

3. 创建快乐的家庭气氛

家庭的气氛、家庭成员之间的关系，在很大程度上会影响孩子性格的形成。研究表明，一个孩子，在他还不能用语言来表达，也就是牙牙学语的时候，他就已经能感受到自己成长的家庭环境如何。不难想象的一点是，一个孩子如果在充满敌意的家庭环境中成长，是无法养成积极乐观的性格的。

4. 父母用积极乐观的心态影响孩子

作为父母，我们也是孩子的老师。父母如何对待人生的挫折，首先是对父母人生态度的一个考验，其次是对孩子给予何种影响。

如果我们在挫折面前积极乐观，把挫折看成一个人生的新契机，那么孩子在家长的影响下，也会直面人生的各种挫折，以积极的心态去迎接各种挑战。反过来，如果我们在挫折面前消极悲观，回避现实，那么只能降低自己在孩子心目中的威信，更不利于教育孩子正视挫折。

5.帮助孩子乐观面对挫折

事实上，即便是成人在遭到挫折时，也会产生很多消极的想法。这是一种很正常的心理，但如果人们不及时想办法遏制这些消极的想法，便会产生一种很可怕的心理效应。

6.鼓励孩子多交朋友

一般来说，抑郁的孩子一般都不善交际，他们感受不到与人相处带来的快乐，感受不到友谊带给自己的温暖。因此，我们应鼓励孩子多与人交往，特别是同龄的朋友。

所以，做家长的一定要时刻关注孩子的情绪变化，当孩子遇到挫折时，家长要教导孩子正确认识挫折，并帮助孩子及时排除挫败感的干扰，转而用乐观的态度面对挫折。

总之，培养孩子乐观的心态，父母要身体力行，营造出一个乐观而温馨的家庭环境，让孩子快乐地学习、快乐地生活，教会孩子正确面对批评和挫折，学会乐观向上，帮助孩子克服羞怯和抑郁的悲观因素。多给予赏识与鼓励，多给予笑声与温暖，孩子就会逐渐形成乐观开朗的性格。

参考文献

[1]道格拉斯·莱利.孩子喜欢对着干,父母应该这样管[M].孙艳芬,译.贵阳:贵州教育出版社,2013.

[2]茜拉·麦克瑞斯.少些吼叫多些爱[M].时近婷,宋晋平,译.上海:上海社会科学院出版社,2017.

[3]奥黛丽·里克尔,卡洛琳·克劳德.孩子顶嘴,父母怎么办[M].张悦,译.北京:北京联合出版公司,2012.

[4]徐权鼎.孩子爱顶嘴,妈妈怎么办[M].北京:北京理工大学出版社,2016.

[5]道格拉斯·莱利.孩子爱发脾气,父母怎么办[M].王旭,译.北京:北京联合出版公司,2012.